Wat&Hoe

Spaans

Samengesteld door Van Dale Lexicografie bv
Spaans: Diego Puls, m.m.v. Carmen Bartolomé

KOSMOS TAALGIDS

UTRECHT/ANTWERPEN

Nuttige adressen

ANWB alarmcentrale: 07 31 70 3141414
Rechtstreeks uit Spanje (niet overal mogelijk; informeer ter plekke),
Balearen en Canarische Eilanden
Nederlandse ambassade: Paseo de la Castellana 178, 28046 Madrid,
tel. 00 34 91 3590914
Consulaat-Generaal: Paseo de Gràcia 111, 18e verd., Barcelona, tel. 00
34 93 2173358
Consulaten: Alameda de Colón, Pasaje Linaje 3, Portal 2, 4-D, Málaga,
tel. 00 34 952 279954; Plaza Rosario 5-2-3a, Palma de Mallorca, tel. 00 34
71 716493; Calle León y Castillo 244, Las Palmas, Gran Canaria, tel. 00
34 928 242382; Edificio Hamilton 35, Calle la Marina 7, Santa Cruz de
Tenerife, tel. 00 34 922 243575
Belgische ambassade: Paseo de la Castellana 18, Madrid, tel. 00 34 91
5776300
Consulaat-Generaal: Carrer de la Diputació 303, Barcelona, tel. 00 34 93
3189899

42e druk, 1995
© Uitgeverij Kosmos bv – Utrecht/Antwerpen
  Van Dale Lexicografie bv – Utrecht/Antwerpen
  Vormgeving: Karel van Laar
  Tekeningen: Richard Flohr
  ISBN 90 215 1735 3
  D/1995/0108/024
  NUGI 471
  CIP

Inhoudsopgave

Woord vooraf

Deze nieuwe editie van de vertrouwde *Wat & Hoe Spaans* is in samen-werking met Van Dale Lexicografie aanmerkelijk verbeterd. De hele tekst is ingrijpend gewijzigd en aangepast aan het moderne toerisme. U kunt nu bijvoorbeeld *gasolina sin plomo* (loodvrije benzine) betalen met uw *tarjeta de crédito* (creditcard) en er is meer aandacht besteed aan het reizen met kinderen (kindermenu, pretpark).

Deze taalgids biedt u uitkomst in verschillende situaties.

Met de gids in de hand zult u er zeker in slagen om duidelijk te maken wat u bedoelt. In veel gevallen echter zal uw gesprekspartner dan reageren met een vraag of opmerking. En wat dan? U verstaat immers geen Spaans?

In de gids vindt u per situatie een groot aantal mogelijke **antwoorden** (met de Nederlandse vertaling), die u aan uw gesprekspartner kunt voorleggen. Bijvoorbeeld: u vraagt om een treinkaartje naar X en de lokettist reageert met een wedervraag. Als u hem de gids voorhoudt, zal hij aanwijzen wat hij bedoelde, bijvoorbeeld *Enkele reis of retour?* of *Met hoeveel personen reist u?*

Ook kunt u met deze gids **eigen zinnen maken** met behulp van de woordenlijst achterin.

In veel gevallen hebt u te maken met Spaanse opschriften of korte teksten die u wilt begrijpen. Denk aan een menukaart of het weerbericht in de krant. In veel hoofdstukjes is daarom een **alfabetische lijst van Spaanse termen** opgenomen.

Bovendien kunt u, aan de hand van de **beknopte grammatica**, deze gids ook gebruiken als een eerste hulpmiddel bij het leren van de Spaanse taal. Tenslotte vindt u in en achter op deze *Wat & Hoe*-gids handige lijstjes met uitdrukkingen die in aanmerking komen om uit het hoofd geleerd te worden.

Redactie *Wat & Hoe*-taalgidsen

Wat & Hoe-taalgidsen zijn er in de volgende talen:			
Arabisch	**Grieks**	**Japans**	**Russisch**
Deens	**Hebreeuws**	**Noors**	**Spaans**
Duits	**Hongaars**	**Pools**	**Tsjechisch**
Engels	**Indonesisch**	**Portugees**	**Turks**
Frans	**Italiaans**	**Roemeens**	**Zweeds**

We hebben een eigen systeem ontwikkeld, dat in alle **Wat & Hoe**-taalgidsen wordt gebruikt. Het heeft de volgende kenmerken:

- Het is ondubbelzinnig. Daarmee bedoelen we dat één letter altijd één klank weergeeft. In een woord als *welzeker* staat de *e* voor drie verschillende klanken. In het **Wat & Hoe**-systeem zou dit woord worden weergegeven als *welzeekər*.

- Het sluit zo veel mogelijk aan bij het Nederlands, dus er komen zo min mogelijk accenten en vreemde tekens in voor.

- De klemtoon van elk woord is aangegeven door onderstrepingen van de klinker(s).

- Zogenaamde lange klinkers (*aa*, *ee* enzovoort) worden in de uitspraakweergave altijd geschreven als een dubbele klinker. Zogenaamde korte klinkers worden altijd weergegeven met een enkele klinker, dat wil zeggen:

a   als in *af*
e   als in *mes*
o   als in *op*.

De gebruikte letters en symbolen:

ch   als de *ch* in *recht*
ə   als de stomme *e* in *de*
ĝ   als in *goal*
r   altijd een tongpunt-*r*, rollend, voor in de mond gevormd
S   als de Engelse *th* in *thin* (zachtjes blazen, terwijl u de tongpunt tegen de voortanden houdt).

De overige letters klinken precies zo als in het Nederlands.

De corresponderende Kosmos-reisgidsen zijn:
Noord-Spanje
Midden-Spanje
Zuid-Spanje
Canarische Eilanden
Costa Brava/Barcelona/Costa Dorada
Barcelona
Madrid
Majorca
Ibiza
Mexico

1 Handige rijtjes

1.1 Vandaag of morgen?

Welke dag is het van-daag?	• ¿Qué día es hoy? *ke diea es oj?*
Vandaag is het maandag	• Hoy es lunes *oj es loenes*
— dinsdag	• Hoy es martes *oj es martes*
— woensdag	• Hoy es miércoles *oj es mjercoles*
— donderdag	• Hoy es jueves *oj es choe-ebes*
— vrijdag	• Hoy es viernes *oj es bjernes*
— zaterdag	• Hoy es sábado *oj es sabado*
— zondag	• Hoy es domingo *oj es domiengo*
in januari	• en enero *en eenero*
sinds februari	• desde febrero *desdə febrero*
in de lente	• en la primavera *en la priemabera*
in de zomer/'s zomers	• en verano *en berano*
in de herfst	• en otoño *en otonjo*
in de winter/'s winters	• en invierno *en ienbjerno*
1992	• mil novecientos noventa y dos *miel nobeSie-entos nobenta ie dos*
de 20ste eeuw	• el siglo XX (veinte) *el sieglo beintə*
De hoeveelste is het vandaag?	• ¿Qué día es hoy? *ke diea es oj?*

Vandaag is het de 24ste	· Hoy es 24
	oj es beintiekoeatro
maandag, 3 november 1992	· lunes 3 de noviembre de 1992
	loenes tres də nobjembrə də miel
	nobeSie-entos nobenta ie dos
's morgens	· por la mañana
	por la manjana
's middags	· por la tarde
	por la tardə
's avonds	· por la tarde
	por la tardə
's nachts	· por la noche
	por la notsjə
vanmorgen	· esta mañana
	esta manjana
vanmiddag	· esta tarde
	esta tardə
vanavond	· esta tarde
	esta tardə
vannacht (komende nacht)	· esta noche
	esta notsjə
vannacht (afgelopen nacht)	· anoche
	aanotsjə
deze week	· esta semana
	esta səmana
volgende maand	· el mes que viene
	el mes ke bjenə
vorig jaar	· el año pasado
	el anjo pasado
aanstaande ...	· el/la ... que viene
	el/la ... ke bjenə
over ... dagen/weken/ maanden/jaar	· dentro de ... días/semanas/meses/años
	dentro də ... dieas/səmanas/meses/anjos
... weken geleden	· hace ... semanas
	aaSə ... səmanas
vrije dag	· día libre
	diea liebrə

De belangrijkste nationale feestdagen in Spanje zijn de volgende:

1 jan.	Año Nuevo (Nieuwjaar)
6 jan.	Reyes Magos (Driekoningen) – de Spaanse kinderen krijgen op die dag hun 'Sinterklaas'cadeautjes
19 mrt.	San José (Sint Josef)
mrt./april	Semana Santa + Pascuas (Goede Week en Pasen) – veel processies, vooral op Witte Donderdag en Goede Vrijdag
1 mei	Día del Trabajo (dag van de arbeid)
mei/juni	Corpus Christi (Sacramentsdag)
24 juni	San Juan
25 juli	Santiago (Sint Jacobus, de patroonheilige van Spanje)
15 aug.	Asunción de Nuestra Señora (Maria Hemelvaart)
12 okt.	Día de la Hispanidad (dag dat Columbus Amerika ontdekte in 1492)
1 nov.	Todos los Santos (Allerheiligen)
8 dec.	La Purísima (Maria Onbevlekte Ontvangenis)
25 dec.	Navidad (Eerste Kerstdag)

De meeste winkels, banken en overheidsinstellingen zijn op deze dagen gesloten.

Tweede Paasdag, Tweede Pinksterdag en Tweede Kerstdag zijn geen feestdagen.

Verder zijn er in Spanje vele regionale feestdagen.

1.3   Hoe laat is het?

Hoe laat is het?	• ¿Qué hora es? *ke oora es?*
Het is 9.00 uur	• Son las nueve *son las noe-ebə*
— 10.05	• Son las diez y cinco *son las die-eS ie Sienko*
— 11.15	• Son las once y cuarto *son las onSə ie koearto*
— 12.20	• Son las doce y veinte *son las doSə ie beintə*
— 13.30	• Es la una y media *es la oena ie medie-a*

— 14.35	• Son las tres menos veinticinco *son las tres menos beintieSienko*
— 15.45	• Son las cuatro menos cuarto *son las koeatro menos koearto*
— 16.50	• Son las cinco menos diez *son las Sienko menos die-eS*
— 12.00 's middags	• Son las doce del mediodía *son las doSə del medieodiea*
— 12.00 's nachts	• Son las doce de la noche *son las doSə də la notsjə*
een half uur	• media hora *mediea oora*
Om hoe laat?	• ¿A qué hora? *aa ke oora?*
Hoe laat kan ik langs- komen?	• ¿A qué hora puedo pasarme? *aa ke oora poe-edo pasarmə?*
Om ...	• A las ... *aa las ...*
Na ...	• Después de las ... *despoe-es də las ...*
Voor ...	• Antes de las ... *antes də las ...*
Tussen ... en ...	• Entre las ... y las ... *entrə las ... ie las ...*
Van ... tot ...	• De las ... a las ... *də las ... aa las ...*
Over ... minuten	• Dentro de ... minutos *dentro də ... mienoetos*
— ... uur	• Dentro de ... horas *dentro də ... ooras*
— een kwartier	• Dentro de un cuarto de hora *dentro də oen koearto də oora*
— drie kwartier	• Dentro de tres cuartos de hora *dentro də tres koearto də oora*
te vroeg/laat	• muy temprano/tarde *moej temprano/tardə*
op tijd	• a tiempo *aa tie-empo*

zomertijd	• horario de verano	
	oorarieo də berano	
wintertijd	• horario de invierno	
	oorarieo də ienbjerno	

1.4 Een, twee, drie …

0	cero	*Sero*
1	uno	*oeno*
2	dos	*dos*
3	tres	*tres*
4	cuatro	*koeatro*
5	cinco	*Sienko*
6	seis	*seis*
7	siete	*sie-etə*
8	ocho	*otsjo*
9	nueve	*noe-ebə*
10	diez	*die-eS*
11	once	*onSə*
12	doce	*doSə*
13	trece	*treSə*
14	catorce	*catorSə*
15	quince	*kienSə*
16	dieciséis	*die-eSieseis*
17	diecisiete	*die-eSiesie-etə*
18	dieciocho	*die-eSieotsjo*
19	diecinueve	*die-eSienoe-ebə*
20	veinte	*beintə*
21	veintiuno	*beintieoeno*
22	veintidós	*beintiedos*
30	treinta	*treinta*
31	treinta y uno	*treinta ie oeno*
32	treinta y dos	*treinta ie dos*
40	cuarenta	*koe-arenta*
50	cincuenta	*Sienkoe-enta*
60	sesenta	*sesenta*
70	setenta	*setenta*
80	ochenta	*otsjenta*

90	noventa	*nobenta*
100	cien	*Sie-en*
101	ciento uno	*Sie-ento oeno*
110	ciento diez	*Sie-ento die-eS*
120	ciento veinte	*Sie-ento beintə*
200	doscientos	*dosSie-entos*
300	trescientos	*tresSie-entos*
400	cuatrocientos	*koeatroSie-entos*
500	quinientos	*kienjentos*
600	seiscientos	*seisSie-entos*
700	setecientos	*setəSie-entos*
800	ochocientos	*otsjoSie-entos*
900	novecientos	*nobeSie-entos*
1000	mil	*miel*
1100	mil cien	*miel Sie-en*
2000	dos mil	*dos miel*
10.000	diez mil	*die-eS miel*
100.000	cien mil	*Sie-en miel*
miljoen	un millón	*oen miejon*
1e	primero	*priemero*
2e	segundo	*segoendo*
3e	tercero	*terSero*
4e	cuarto	*koearto*
5e	quinto	*kiento*
6e	sexto	*seksto*
7e	séptimo	*septiemo*
8e	octavo	*oktabo*
9e	noveno	*nobeno*
10e	décimo	*deSiemo*
11e	undécimo	*oendeSiemo*
12e	duodécimo	*doe-odeSiemo*
13e	decimotercero	*deSiemoterSero*
14e	decimocuarto	*deSiemokoearto*
15e	decimoquinto	*deSiemokiento*
16e	decimosexto	*deSiemoseksto*
17e	decimoséptimo	*deSiemoseptiemo*
18e	decimoctavo	*deSiemoktabo*
19e	decimonoveno	*deSiemonobeno*

14	20e	vigésimo	*biegesiemo*
	21e	vigesimoprimero	*biegesiemopriemero*
	22e	vigesimosegundo	*biegesiemoseĝoendo*
	30e	trigésimo	*triegesiemo*
	100e	centésimo	*Sentesiemo*
	1000e	milésimo	*mielesiemo*

eenmaal	• una vez
	oena beS
tweemaal	• dos veces
	dos beSes
het dubbele	• el doble
	el doblə
het driedubbele	• el triple
	el trieplə
de helft	• la mitad
	la mietạ
een kwart	• un cuarto
	oen koeạrto
een derde	• un tercio
	oen terSieo
een paar, een aantal, enkele	• unos, algunos
	oenos, alĝoenos
$2 + 4 = 6$	• dos más cuatro, seis
	dos mas koeạtro, seis
$4 - 2 = 2$	• cuatro menos dos, dos
	koeạtro menos dos, dos
$2 \times 4 = 8$	• dos por cuatro, ocho
	dos por koeạtro, otsjo
$4 : 2 = 2$	• cuatro dividido por dos, dos
	koeạtro dieviediedo por dos, dos
even/oneven	• par/impar
	par/iempạr
(in) totaal	• (en) total
	(en) totạl
6 x 9 (zes bij negen, oppervlaktemaat)	• seis por nueve
	seis por noe-ebə

Wordt het mooi/slecht weer?	• ¿Hará buen/mal tiempo? *aara boe-en/mal tie-empo?*
Wordt het kouder/warmer?	• ¿Hará más frío/calor? *aara mas frieo/kalor?*
Hoeveel graden wordt het?	• ¿Cuántos grados hará? *koeantos grados aara?*
Gaat het regenen?	• ¿Va a llover? *ba aa ljober?*
— stormen?	• ¿Tendremos vendaval? *tendremos bendabal?*
— sneeuwen?	• ¿Va a nevar? *ba aa nebar?*
— vriezen?	• ¿Va a helar? *ba aa eelar?*
— dooien?	• ¿Comenzará el deshielo? *komenSara el desie-elo?*
— misten?	• ¿Habrá niebla? *aabra njebla?*
Komt er onweer?	• ¿Habrá tormenta? *aabra tormenta?*
Het weer slaat om	• Va a cambiar el tiempo *ba aa kambjar el tie-empo*
Het koelt af	• Va a refrescar *ba aa refreskar*
Wat voor weer wordt het vandaag/morgen?	• ¿Qué tiempo hará hoy/mañana? *ke tie-empo aara oj/manjana?*

algo nublado licht bewolkt	**chubasco** regenbui
bochornoso benauwd	**cielo cubierto** zwaar bewolkt
bueno mooi	**cielo semicubierto** half bewolkt
caluroso heet	**desapacible** guur

despejado	**nieve**
onbewolkt	sneeuw
escarcha	**nubosidad**
ijzel	bewolking
fresco	**ola de calor**
fris	hittegolf
frío y húmedo	**sofocante**
kil	snikheet
... grados (bajo/sobre cero)	**soleado**
... graden (onder/boven nul)	zonnig
granizo	**suave**
hagel	zacht
helada	**vendaval**
vorst	storm
huracán	**ventoso**
orkaan	winderig
lluvia	**viento**
regen	wind
lluvioso	**viento moderado/fuerte**
nat/regenachtig	matige/krachtige wind
niebla	**vientos racheados**
mist	rukwinden

1.6 Hier, daar, ...

Zie ook 5 *De weg vragen.*

hier/daar	• aquí/allá
	aakie/aja
ergens/nergens	• en alguna/ninguna parte
	en algoena/niengoena partə
overal	• en todas partes
	en todas partes
ver weg/dichtbij	• lejos/cerca
	lechos/Serka
naar rechts/links	• a la derecha/izquierda
	aa la deretsja/ieSkjerda
rechts/links van	• a la derecha/izquierda de
	aa la deretsja/ieSkjerda də

rechtdoor	· todo recto
	todo rekto
via	· pasando por
	pasando por
in	· en
	en
op	· sobre
	sobrə
onder	· debajo de
	debacho də
tegen	· contra
	kontra
tegenover	· frente a
	frentə aa
naast	· al lado de
	al lado də
bij	· junto a
	choento aa
voor	· delante de
	dəlantə də
in het midden	· en el medio
	en el medieo
naar voren	· hacia adelante
	aaSiea aadəlantə
(naar) beneden	· (hacia) abajo
	(aaSiea) aabacho
(naar) boven	· (hacia) arriba
	(aaSiea) arrieba
(naar) binnen	· (hacia) adentro
	(aaSiea) aadentro
(naar) buiten	· (hacia) afuera
	(aaSiea) aafoe-era
(naar) achter	· (hacia) atrás
	(aaSiea) aatras
vooraan	· delante
	dəlantə
achteraan	· detrás
	dətras
in het noorden	· en el norte
	en el nortə
naar het zuiden	· hacia el sur
	aaSiea el soer

uit het westen	• del oeste
	del ooestə
van het oosten	• del este
	del estə
ten ... van	• al ... de
	al ... də

1.7 Wat staat er op dat bordje?

Zie 5.3 voor verkeersborden.

abierto/cerrado	**escalera mecánica**
open/gesloten	roltrap
agua no potable	**freno de emergencia**
geen drinkwater	noodrem
alta tensión	**horario (de apertura)**
hoogspanning	openingstijden
ascensor	**información**
lift	inlichtingen
caballeros	**liquidación (por cese)**
heren(-wc)	(opheffings)uitverkoop
caja	**llamar aquí**
kassa	hier melden
completo	**no funciona**
vol	defect, buiten werking
coto privado	**no tocar**
privé(-terrein) (op het land)	niet aanraken
cuidado con el perro	**¡ojo, mancha!**
pas op voor de hond	nat!
cuidado, escalón	**peligro**
denk om het opstapje	gevaar
entrada	**peligro de incendio**
ingang	brandgevaar
entrada libre	**peligro de muerte**
vrij/gratis toegang	levensgevaarlijk
escalera	**piso**
trap	verdieping
escalera de incendios	**primeros auxilios**
brandtrap	eerste hulp (EHBO-post)

prohibido el paso	**reservado**
geen/verboden toegang	gereserveerd
prohibido fotografiar	**saldos**
fotograferen verboden	opruiming
prohibido fumar	**salida**
verboden te roken	uitgang
prohibido hacer fuego	**salida de emergencia/salida de**
verboden vuur te maken	**socorro**
prohibido para animales	nooduitgang
(huis)dieren niet toegestaan	**se alquila**
prohibido pisar el césped	te huur
verboden het gras te betreden	**se ruega no molestar**
propiedad privada	niet storen a.u.b.
privé(-terrein)	**se vende**
razón aquí	te koop
inlichtingen alhier	**señoras**
rebajas	dames(-wc)
uitverkoop	**servicios**
recepción	toiletten/wc's
receptie	**tirar/empujar**
recién pintado	trekken/duwen
pas geverfd	

1.8 Telefoonalfabet

a	*a*	de Antonio	*də antonjo*
b	*be*	de Barcelona	*də barSəlona*
c	*Se*	de Carmen	*də karmen*
ch	*tsje*	de Chocolate	*də tsjokolatə*
d	*de*	de Dolores	*də dolores*
e	*ee*	de Enrique	*də enriekə*
f	*efe*	de Francia	*də franSiea*
g	*che*	de Gerona	*də cherona*
h	*atsjə*	de Historia	*də iestoriea*
i	*ie*	de Inés	*də ienes*
j	*chota*	de José	*də chose*
k	*ka*	de Kilo	*də kielo*
l	*ele*	de Lorenzo	*də lorenSo*
ll	*elje*	de Llobregat	*də ljobrəĝat*

m	*eme*	de Madrid	*də madrie*
n	*ene*	de Navarra	*də nabarra*
ñ	*enje*	de Ñoño	*də njonjo*
o	*oo*	de Oviedo	*də oobjedo*
p	*pe*	de París	*də paries*
q	*koe*	de Querido	*də keriedo*
r	*ere*	de Ramón	*də ramon*
s	*ese*	de Sábado	*də sabado*
t	*te*	de Tarragona	*də tarraɢona*
u	*oe*	de Ulises	*də oelieses*
v	*oebə*	de Valencia	*də balenSiea*
w	*oebədoblə*	de Wáshington	*də wasjiengton*
x	*eekies*	de Xiquena	*də sjiekena*
y	*ieɢriejeeɢa*	de Yegua	*də jeɢoea*
z	*Seta*	de Zaragoza	*də SaraɢoSa*

1.9 Persoonlijke gegevens

In Spanje gebruikt men de eerste achternaam van de moeder als tweede achternaam.

achternaam	• apellidos
	aapejiedos
voornaam	• nombre
	nombrə
voorletters	• iniciales
	ienieSieales
adres (straat/nummer)	• dirección (calle/número)
	dierekSie-on (kaje/noeməro
postcode/woonplaats	• código postal/población
	kodieɢo postal/poblaSie-on
geslacht (m/v)	• sexo (v = varón, m = mujer)
	sekso (varon, moecher)
nationaliteit	• nacionalidad
	naSieonalieda
geboortedatum	• fecha de nacimiento
	fetsja də naSiemjento

geboorteplaats	• lugar de nacimiento
	loeĝar də naSiemjento
beroep	• profesión
	profesieon
gehuwd/ongehuwd/ gescheiden	• casado/soltero/divorciado
	kasado/soltero/dieborSieado
weduwe/weduwnaar	• viuda/viudo
	bjoeda/bjoedo
(aantal) kinderen	• (número de) hijos
	(noemero də) iechos
nummer identiteitsbewijs (paspoort/rijbewijs)	• carnet de identidad (pasaporte/permiso de conducir) número
	karne də iedentieda (pasaportə/permieso də kondoeSier) noeməro
plaats en datum van afgifte	• lugar y fecha de expedición
	loeĝar ie fetsja də ekspediSieon

2 Plichtplegingen

2.1 Begroeten

Dag meneer Willemsen
· Hola, buenos días
 ola, boe-enos dieas

Hallo, Peter
· Hola, Peter
 ola, peetər

Hoi, Heleen
· Qué hay, Heleen
 ke aj, heeleen

Goedemorgen mevrouw
· Buenos días, señora (tot 14 uur)
 boe-enos dieas, senjora

Goedemiddag meneer
· Buenas tardes, señor (na 14 uur)
 boe-enas tardes, senjor

Goedenavond
· Buenas tardes (tot 21 uur), buenas
 noches (na 21 uur)
 boe-enas tardes, boe-enas notsjes

Goedendag
· Buenos días
 boe-enos dieas

Hoe gaat het ermee?
· ¿Qué tal?
 ke tal?

Prima, en met u?
· Muy bien, ¿y usted?
 moej bjen, ie oeste?

Uitstekend
· Estupendo
 estoependo

Niet zo goed
· Regular
 reĝoelar

Gaat wel
· Psé
 pse

Ik ga maar eens
· Bueno, me voy
 boe-eno, mə boj

**Ik moet er vandoor. Er
 wordt op mij gewacht.
 Dag!**
· Tengo que irme. Me están esperando
 tengo ke iermə. mə estan esperando
· ¡Adiós!
 aadieos

Tot ziens
· Hasta luego
 asta loe-eĝo

— gauw
· Hasta pronto
 asta pronto

— straks	· Hasta luego
	asta loe-eğo
— zo	· Hasta ahora
	asta aaora
Welterusten	· Que descanse
	ke deskansə
Goedenacht	· Buenas noches
	boe-enas notsjes
Het beste	· Que le vaya bien
	ke lə baja bjen
Veel plezier	· Que se divierta, que lo pase bien
	ke sə diebjerta, ke lo pasə bjen
Veel geluk	· Mucha suerte
	moetsja soe-ertə
Prettige vakantie	· Felices vacaciones
	felieSes bakaSieones
Goede reis	· Buen viaje
	boe-en bjachə
Bedankt, insgelijks	· Gracias, igualmente
	ğraSieas, ieğoealmentə
De groeten aan ...	· Recuerdos a ...
	rekoe-erdos aa ...

2.2 Hoe stel je een vraag?

Wie?	· ¿Quién?
	kjen?
Wie is dat?	· ¿Quién es?
	kjen es?
Wat?	· ¿Qué?
	ke?
Wat is hier te zien?	· ¿Qué se puede visitar aquí?
	ke sə poe-edə biesietar aakie?
Wat voor soort hotel is dat?	· ¿Qué clase de hotel es?
	ke klasə də otel es?
Waar?	· ¿Dónde?
	dondə
Waar is het toilet?	· ¿Dónde están los servicios?
	dondə estan los serbieSieos?

Waar gaat u naar toe?	• ¿A dónde va? *aa dondə ba*
Waar komt u vandaan?	• ¿De dónde es usted? *də dondə es oeste?*
Hoe?	• ¿Cómo? *komo?*
Hoe ver is dat?	• ¿A qué distancia queda? *aa ke diestanSiea keda?*
Hoelang duurt dat?	• ¿Cuánto dura? *koeanto doera?*
Hoelang duurt de reis?	• ¿Cuánto dura el viaje? *koeanto doera el bjachə?*
Hoeveel?	• ¿Cuánto? *koeanto?*
Hoeveel kost dit?	• ¿Cuánto vale? *koeanto baalə?*
Hoe laat is het?	• ¿Qué hora es? *ke oora es?*
Welk? Welke? (enkelvoud/ meervoud)	• ¿Cuál? ¿Cuáles? *koeal? koeales?*
Welk glas is voor mij?	• ¿Cuál es mi copa? *koeal es mie kopa?*
Wanneer?	• ¿Cuándo? *koeando?*
Wanneer vertrekt u?	• ¿Cuándo sale? *koeando salə?*
Waarom?	• ¿Por qué? *por ke?*
Kunt u me ...?	• ¿Podría ...? *podriea ...?*
Kunt u me helpen a.u.b.?	• ¿Podría ayudarme? *podriea aajoedarmə?*
Kunt u me dat wijzen?	• ¿Me lo podría indicar? *mə lo podriea iendiekar?*
Kunt u met me meegaan a.u.b.?	• ¿Le importaría acompañarme? *lə iemportariea aakompanjarmə?*
Wilt u ...?	• ¿Quiere ...?/¿Podría ...? *kjerə ...?/podriea ...?*
Wilt u voor mij kaartjes reserveren a.u.b.?	• ¿Me podría reservar entradas? *mə podriea reserbar entradas?*
Weet u ...?	• ¿Sabe ...? *sabə ...?*

Weet u misschien een ander hotel?	• ¿Sabría indicarme otro hotel? *sabriea iendiekarmə ootro ootel?*
Heeft u ...?	• ¿Tiene ...? *tie-enə ...?*
Heeft u voor mij een ...?	• ¿Me podría dar un(a) ...? *mə podriea dar oen(a)...?*
Heeft u misschien een gerecht zonder vlees?	• ¿Tendría un plato sin carne? *tendriea oen plato sien karnə?*
Ik wil graag ...	• Quisiera ... *kiesie-era ...*
Ik wil graag een kilo appels	• Quisiera un kilo de manzanas *kiesie-era oen kielo də manSanas*
Mag ik ...?	• ¿Puedo .../Se puede ...? *poe-edo .../sə poe-edə?*
Mag ik dit meenemen?	• ¿Podría llevármelo? *podriea ljebarmələ?*
Mag ik hier roken?	• ¿Se puede fumar aquí? *sə poe-edə foemar aakie?*
Mag ik wat vragen?	• ¿Puedo hacerle una pregunta? *poe-edo aaSerlə oena preğoenta?*

25

PLICHTPLEGINGEN

2.3 Hoe geef je antwoord?

Ja, natuurlijk	• Sí, claro *sie, klaro*
Nee, het spijt me	• No, lo siento *no, lo sie-ento*
Ja, wat kan ik voor u doen?	• Sí, ¿en qué puedo servirle? *sie, en ke poe-edo serbierlə?*
Een ogenblikje a.u.b.	• Un momento, por favor *oen momento, por fabor*
Nee, ik heb nu geen tijd	• No, ahora no tengo tiempo *no, aaora no tenğo tie-empo*
Nee, dat is onmogelijk	• No, eso es imposible *no, eeso es iemposieblə*
Ik geloof het wel	• Creo que sí *kreo ke sie*
— denk het ook	• Yo creo que también *jo kreo ke tambjen*

— hoop het ook	• Yo también lo espero
	jo tambjen lo espero
Nee, helemaal niet	• No, de ninguna manera
	no, də ninĝoena manera
Nee, niemand	• No, nadie
	no, nadie-ə
Nee, niets	• No, nada
	no, nada
Dat klopt (niet)	• (no) es cierto
	(no) es Sie-erto
Dat ben ik (niet) met u eens	• (No) estoy de acuerdo con usted
	(no) estoj də aakoe-erdo kon oeste
Dat is goed	• Está bien
	esta bjen
Akkoord	• Vale
	baalə
Misschien	• Quizá
	kieSa
Ik weet het niet	• No lo sé
	no lo se

2.4 Dank u wel

Bedankt/dank u wel	• Gracias
	ĝraSieas
Geen dank/graag gedaan	• De nada
	də nada
Heel hartelijk dank	• Muchísimas gracias
	moetsjiesiemas ĝraSieas
Erg vriendelijk van u	• Muy amable (de su parte)
	moej aamablə (də soe partə)
't Was me een waar genoegen	• Ha sido un verdadero placer
	aa siedo oen berdadero plaSer
Ik dank u voor de moeite	• Gracias por la molestia
	ĝraSieas por la molestiea
Dat had u niet moeten doen	• No se hubiera molestado
	no sə oebjera molestado
Dat zit wel goed hoor	• No se preocupe
	no sə preokoepə

Pardon	• Perdone
	perdonə
Sorry!	• ¡Perdone!
	perdonə
Sorry, ik wist niet dat …	• Perdone, no sabía que …
	perdonə, no sabiea ke …
Neemt u me niet kwalijk	• Perdone
	perdonə
Het spijt me	• Lo siento
	lo sie-ento
Ik deed het niet expres, het ging per ongeluk	• No ha sido a propósito, ha sido sin querer
	no aa siedo aa proposieto, aa siedo sien kerer
Dat geeft niet, hoor	• No importa
	no iemporta
Laat maar zitten	• Déjelo
	dechelo
Dat kan iedereen overkomen	• Le puede pasar a cualquiera
	lə poe-edə pasar aa koealkjera

2.6 Wat vindt u ervan?

Wat heeft u liever?	• ¿Qué prefiere?
	ke prefjerə?
Wat vind je ervan?	• ¿Qué te parece?
	ke tə pareSə?
Houd je niet van dansen?	• ¿No te gusta bailar?
	no tə ĝoesta bajlar?
Het maakt mij niets uit	• Me da igual
	mə da ieĝoeal
Goed zo!	• ¡Muy bien!
	moej bjen!
Niet slecht!	• ¡No está mal!
	no esta mal!
Uit de kunst!	• ¡Excelente!
	eksSelentə!

Heerlijk!	• ¡Qué delicia!
	ke delieSiea!
Wat is het hier gezellig!	• ¡Qué bien se está aquí!
	ke bjen sə esta aakie!
Wat leuk/mooi!	• ¡Qué mono/bonito!
	ke mono/bonieto!
Wat fijn voor u!	• ¡Cuánto me alegro por usted!
	koeanto mə alegro por oeste!
Ik ben (niet) erg tevreden over …	• (No) estoy muy contento con …
	(no) estoj moej kontento kon …
Ik ben blij dat …	• Me alegro que …
	me alegro ke …
Ik amuseer me prima	• Me lo estoy pasando muy '
	me lo estoj pasando moej b
Ik verheug me erop	• Me hace ilusión
	me aaSə ieloesieon
Ik hoop dat het lukt	• Espero que salga bien
	espero ke salĝa bjen
Wat waardeloos!	• ¡Qué porquería!
	ke porkeriea!
— afschuwelijk!	• ¡Qué horrible!
	ke orrieblə!
— jammer!	• ¡Qué lástima!
	ke lastiema!
— vies!	• ¡Qué asco!
	ke asko!
Wat een onzin/flauwekul!	• ¡Qué tontería!
	ke tonteriea!
Ik houd niet van …	• No me gusta …
	no mə ĝoesta …
Ik verveel me kapot	• Me aburro como un hongo
	mə aaboero komo oen onĝo
Ik heb er genoeg van	• Estoy harto
	estoj arto
Dat kan zo niet	• No puede ser
	no poe-edə ser
Ik had iets heel anders verwacht	• Yo me había esperado otra cosa
	jo mə aabiea esperado ootra kosa

Wat zegt u?

Ik spreek geen/een beetje ...	• No hablo/hablo un poco de ... *no ablo/ablo oen poko də ...*
Ik ben Nederlander/ Nederlandse	• Soy neerlandés (holandés)/neerlandesa (holandesa) *soj neerlandes (olandes)/neerlandesa (olandesa)*
— Belg/Belgische	• Soy belga *soj belĝa*
— Vlaming/Vlaamse	• Soy flamenco/flamenca *soj flamenko/flamenka*
Spreekt u Engels/Frans/ Duits?	• ¿Habla inglés/francés/alemán? *aabla ienĝles/franSes/aaleman?*
Is er iemand die ... spreekt?	• ¿Hay alguien que hable ...? *aj alĝien ke aablə ...?*
Wat zegt u?	• ¿Cómo dice? *komo dieSə?*
Ik begrijp het (niet)	• (No) comprendo *(no) komprendo*
Begrijpt u mij?	• ¿Me entiende? *mə entie-endə?*
Wilt u dat a.u.b. herhalen?	• ¿Le importa repetirlo? *lə iemporta repetierlo?*
Kunt u wat langzamer praten?	• ¿Podría hablar más despacio? *podriea aablar mas despaSieo?*
Wat betekent dat/dat woord?	• ¿Qué significa esto/esta palabra? *ke sieĝniefieka esto/esta palabra?*
Is dat (ongeveer) hetzelfde als ...?	• ¿Es (más o menos) lo mismo que ...? *es (mas oo menos) lo miesmo ke ...?*
Kunt u dat voor me opschrijven?	• ¿Podría escribírmelo? *podriea eskriebiermələ?*
Kunt u dat voor me spellen?	• ¿Podría deletreármelo? *podriea deletreearmələ?*

(zie 1.8 voor het telefoonalfabet)

Kunt u dat in deze taal- gids aanwijzen?	· ¿Me lo podría señalar en esta guía? *mə lo podri̲e̲a senjala̲r en e̲sta ĝie̲a*
Een ogenblik, ik moet het even opzoeken	· Espere que lo busco en la guía *espe̲rə ke lo bo̲esko en la ĝie̲a*
Ik kan het woord/de zin niet vinden	· No puedo encontrar la palabra/la frase *no poe-e̲do enkontra̲r la pala̲bra/la fra̲sə*
Hoe zeg je dat in het ...?	· ¿Cómo se dice eso en ...? *ko̲mo sə die̲Sə e̲eso en ...?*
Hoe spreek je dat uit?	· ¿Cómo se pronuncia? *ko̲mo sə prono̲enSie̲a?*

3.1 Zich voorstellen

Mag ik me even voor- stellen?	· Permítame presentarme *permie̲tamə presenta̲rmə*
Ik heet ...	· Me llamo ... *mə lja̲mo ...*
Ik ben ...	· Soy ... *soj ...*
Hoe heet u?	· ¿Cómo se llama? *ko̲mo sə lja̲ma?*
Mag ik u even voor- stellen?	· Permítame presentarle a ... *permie̲tamə presenta̲rlə aa ...*
Dit is mijn vrouw/dochter/ moeder/vriendin	· Esta es mi mujer/mi hija/mi madre/mi amiga *e̲sta es mie moe̲cher/mie ie̲cha/mie ma̲drə/ mie aamie̲ĝa*
— man/zoon/vader/vriend	· Este es mi marido/mi hijo/mi padre/mi amigo *e̲stə es mie marie̲do/mie ie̲cho/mie pa̲drə/ mie aamie̲ĝo*
Hallo, leuk u te ont- moeten	· Hola, mucho gusto *o̲la, moe̲tsjo ĝo̲esto*
Aangenaam (kennis te maken)	· Encantado (de conocerle) *enkanta̲do (də konoSe̲rlə)*
Waar komt u vandaan?	· ¿De dónde es usted? *də do̲ndə es oeste̲?*

Ik kom uit Nederland/ België/Vlaanderen	· Soy neerlandés (holandés)/belga/ flamenco *soj neerlandes (olandes)/belĝa/flamenko*
In welke stad woont u?	· ¿En qué ciudad vive? *en ke Sie-oeda biebə?*
In … Dat is dichtbij …	· En … Eso está cerca de … *en … eeso esta Serka də …*
Bent u hier al lang?	· ¿Hace mucho que está aquí? *aaSə moetsjo ke esta aakie?*
Een paar dagen	· Unos días *oenos dieas*
Hoelang blijft u hier?	· ¿Cuánto tiempo piensa quedarse? *koeanto tie-empo pjensa kedarsə?*
We vertrekken (waar-schijnlijk) morgen/over twee weken	· Nos iremos (probablemente) mañana/ dentro de dos semanas *nos ieremos (probabləmentə) manjana/ dentro də dos semanas*
Waar logeert u?	· ¿Dónde se aloja? *dondə sə aalocha?*
In een hotel/appartement	· En un hotel/apartamento *en oen otel/aapartamento*
Op een camping	· En un camping *en oen kampieng*
In huis bij vrienden/ familie	· En casa de amigos/parientes *en kasa də aamieĝos/parie-entəs*
Bent u hier alleen/met uw gezin?	· ¿Ha venido solo/con su familia? *aa beniedo solo/kon soe familja?*
Ik ben alleen	· He venido solo *ee beniedo solo*
— met mijn partner/ vrouw/man	· con mi pareja/mujer/marido *kon mie parecha/moecher/mariedo*
— met mijn gezin	· con mi familia *kon mie familja*
— met familie	· con unos parientes *kon oenos parie-entəs*
— met een vriend/een vriendin/vrienden	· con un amigo/una amiga/unos amigos *kon oen aamieĝo/oena aamieĝa/oenos aamieĝos*
Bent u getrouwd?	· ¿Está casado/casada? *esta kasado/kasada?*

Heb je een vaste vriend(-in)?	• ¿Tienes novio/novia? *tie-enəs novjo/novja?*
Dat gaat u niets aan	• No es asunto suyo *no es aasoento soejo*
Ik ben getrouwd	• Soy casado *soj kasado*
— vrijgezel	• Soy soltero *soj soltero*
— gescheiden (van tafel en bed)	• Estoy separado *estoj separado*
— gescheiden (officieel)	• Estoy divorciado *estoj dieborSieado*
— weduwe/weduwnaar	• Soy viuda/viudo *soj bjoeda/bjoedo*
Ik woon alleen/samen	• Vivo solo/con otra persona *biebo solo/kon ootra persona*
Heeft u kinderen/kleinkinderen?	• ¿Tiene hijos/nietos? *tie-enə iechos/njetos?*
Hoe oud bent u?	• ¿Cuántos años tiene? *koeantos anjos tie-enə?*
— is zij/hij?	• ¿Cuántos años tiene? *koeantos anjos tie-enə?*
Ik ben ... jaar oud	• Tengo ... años *tengo ... anjos*
Zij/hij is ... jaar oud	• Tiene ... años *tie-enə ... anjos*
Wat voor werk doet u?	• ¿En qué trabaja? *en ke trabacha?*
Ik werk op een kantoor	• Trabajo en una oficina *trabacho en oena ofieSiena*
Ik studeer/zit op school	• Estudio *estoedieo*
Ik ben werkloos	• Estoy en paro *estoj en paro*
— gepensioneerd	• Soy jubilado *soj choebielado*
— afgekeurd, ik zit in de WAO	• Tengo una pensión de invalidez *tengo oena pensieon də inbaliedeS*

— huisvrouw	• Soy ama de casa
	soj aama də kasa
Vindt u uw werk leuk?	• ¿Le gusta su trabajo?
	lə ĝoesta soe trabacho?
Soms wel, soms niet	• A veces sí, a veces no
	aa beSes sie, a beSes no
Meestal wel, maar vakan-tie is leuker	• Por lo general sí, pero prefiero las vacaciones
	por lo cheneral sie, pero prefjero las bakaSieones

3.2 Iemand aanspreken

Mag ik u wat vragen?	• ¿Podría preguntarle una cosa?
	podrieaa preĝoentarlə oena kosa?
Neemt u me niet kwalijk	• Perdone
	perdonə
Pardon, kunt u me hel-pen?	• ¿Podría ayudarme?
	podriea aajoedarmə?
Ja, wat is er aan de hand?	• Sí, ¿qué pasa?
	sie, ke pasa
Wat kan ik voor u doen?	• ¿En qué puedo servirle?
	en ke poe-edo serbierlə?
Sorry, ik heb nu geen tijd	• Lo siento, ahora no tengo tiempo
	lo sie-ento, aaora no tenĝo tie-empo
Heeft u een vuurtje?	• ¿Tiene fuego?
	tie-enə foe-eĝo?
Mag ik bij u komen zitten?	• ¿Le importa que me siente?
	lə iemporta ke mə sie-entə?
Wilt u een foto van mij/ons maken? Dit knopje indrukken.	• ¿Podría sacarme/sacarnos una foto? Hay que apretar este botón
	podriea sakarmə/sakarnos oena foto? aaj ke aapretar estə boton
Laat me met rust	• Déjeme en paz
	dechemə en paS
Hoepel op	• Váyase a la porra
	bajasə aa la porra
Als u niet weg gaat, ga ik gillen	• Como no se vaya, grito
	komo no sə baja, grieto

hoe gaat het ermee   Como sta?

3.3 Feliciteren en condoleren

Gefeliciteerd met uw verjaardag/naamdag	• Feliz cumpleaños/felicidades *felieS koempleanjos/felieSiedades*
Gecondoleerd	• Le acompaño en el sentimiento *lə akompanjo en el sentiemjento*
Ik vind het heel erg voor u	• ¡Cuánto lo siento por usted! *koeanto lo sie-ento por oeste*

3.4 Een praatje over het weer

Zie ook 1.5 *Het weer*.

Wat is het warm/koud vandaag!	• ¡Qué calor/frío hace hoy! *ke kalor/friejo aaSə oj!*
Lekker weer, hè?	• ¡Qué buen tiempo hace! ¿Verdad? *ke boe-en tie-empo aaSə! berda?*
Wat een wind/storm!	• ¡Vaya viento!/vendaval! *baja bjento/bendabal!*
— regen/sneeuw!	• ¡Cómo llueve!/nieva! *komo ljoe-ebə!/njeba!*
— mist!	• ¡Cuánta niebla! *koeanta njebla!*
Is het hier al lang zulk weer?	• ¿Hace mucho que hace este tiempo? *aaSə moetsjo ke aaSə estə tie-empo?*
Is het hier altijd zo warm/ koud?	• ¿Aquí siempre hace tanto calor/frío? *aakie sie-emprə aaSə tanto kalor/frieo?*
— droog/nat?	• ¿Aquí siempre hace un tiempo tan seco/ lluvioso? *aakie sie-emprə aaSə oen tie-empo tan seko/ ljoebjoso?*

3.5 Hobby's

Heeft u hobby's?	• ¿Tiene algún hobby? *tie-enə algoen chobie?*

Ik houd van breien/lezen/ fotograferen/knutselen	• Me gusta hacer punto/leer/la fotografía/ el bricolaje *mə ĝoesta aaSer poento/lee-er/la fotoĝrafiea/el briekolachə*
Ik houd van muziek	• Me gusta la música *mə ĝoesta la moesieka*
— gitaar/piano spelen	• Me gusta tocar la guitarra/el piano *mə ĝoesta tokar la ĝietarra/el pjano*
Ik ga graag naar de film	• Me gusta ir al cine *mə ĝoesta ier al Sienə*
Ik reis/sport/vis/wandel graag	• Me gusta viajar/hacer deporte/pescar/ salir a caminar *mə ĝoesta bjachar/aaSer deportə/peskar/ salier aa kamienar*

3.6 Iets aanbieden

Zie ook 4 *Uit eten.*

Mag ik u iets te drinken aanbieden?	• ¿Le gustaría algo de beber? *lə ĝoestariea algo də beber?*
Wat wil je drinken?	• ¿Qué quieres beber? *ke kjeres beber?*
Wilt u een sigaret/sigaar/ shagje draaien?	• ¿Quiere un cigarrillo/un puro/liar un cigarrillo? *kjere oen Sieĝariejo/oen poero/liear oen Sieĝariejo?*
Graag iets zonder alcohol	• Algo sin alcohol *alĝo sien alkol*
Ik rook niet	• No fumo *no foemo*

3.7 Uitnodigen

Heb je vanavond iets te doen?	• ¿Tienes algo que hacer esta noche? *tie-enes alĝo ke aaSer esta notsjə?*

Heeft u al plannen voor vandaag/vanmiddag/ vanavond?	· ¿Ya tiene planes para hoy/esta tarde/esta noche? *ja tie-enə planes para oj/esta tardə/esta notsjə?*
Heeft u zin om met mij uit te gaan?	· ¿Le apetece salir conmigo? *lə appətęSə salięr konmięğo?*
— mij te gaan dansen?	· ¿Le apetece ir a bailar conmigo? *lə appətęSə ier aa bajlar konmięğo?*
— mij te eten?	· ¿Le apetece comer conmigo? *lə appətęSə kommęr konmięğo?*
— mij naar het strand te gaan?	· ¿Le apetece ir a la playa conmigo? *lə appətęSə ier aa la plaja konmięğo?*
— ons naar de stad te gaan?	· ¿Le apetece ir a la ciudad con nosotros? *lə appętęSə ier aa la Sie-oeda kon nosotros?*
— ons naar vrienden te gaan?	· ¿Le apetece ir a casa de unos amigos con nosotros? *lə appətęSə ier aa kasa də oenos aamięğos kon nosotros?*
Zullen we dansen?	· ¿Bailamos? *bajlamos?*
Ga je mee aan de bar zitten?	· ¿Vienes a sentarte conmigo en la barra? *bjenes aa sentartə konmięğo en la barra?*
Zullen we iets gaan drinken?	· ¿Vamos a tomar algo? *bamos aa tomar alğo?*
Zullen we een eindje gaan lopen/rijden?	· ¿Vamos a dar una vuelta? *bamos aa dar oena boe-elta?*
Ja, dat is goed	· Sí, vamos *sie, bamos*
Goed idee	· Buena idea *boe-ena iedeea*
Nee (bedankt)	· No (gracias) *no (ğraSieas)*
Straks misschien	· Quizá más tarde *kieSa mas tardə*
Daar heb ik geen zin in	· No me apetece *no mə appətęSə*
Ik heb geen tijd	· No tengo tiempo *no tęnğo tie-empo*

Ik heb al een andere afspraak	• Ya tengo otro compromiso
	ja tengo otro kompromieso
Ik kan niet dansen/volley-ballen/zwemmen	• No sé bailar/jugar al voleibol/nadar
	no se bajlar/choegar al boleibol/nadar

3.8 Een compliment maken

Wat ziet u er goed uit!	• ¡Qué guapo/guapa está!
	ke goeapo/goeapa esta!
Mooie auto!	• ¡Qué bonito coche!
	ke bonieto kotsjə!
Leuk skipak!	• ¡Qué bonito traje de esquiar!
	ke bonieto trachə də eskjar!
Je bent een lieve jongen/meid	• Eres muy bueno/buena
	eeres moej boe-eno/boe-ena
Wat een lief kindje!	• ¡Qué niño tan majo/niña tan maja!
	ke nienjo tan macho/nienja tan macha!
U danst heel goed	• Baila muy bien
	bajla moej bjen
— kookt	• Cocina muy bien
	koSiena moej bjen
— voetbalt	• Juega muy bien al fútbol
	choe-ega moej bjen al foetbol

3.9 Iemand versieren

Ik vind het fijn om bij je te zijn	• Me gusta estar contigo
	mə goesta estar kontiego
Ik heb je zo gemist	• Te he echado mucho de menos
	tə ee etsjado moetsjo də menos
Ik heb van je gedroomd	• He soñado contigo
	ee sonjado kontiego
Ik moet de hele dag aan je denken	• Pienso todo el día en ti
	pjenso todo el diea en tie
Je lacht zo lief	• Tienes una sonrisa muy bonita
	tie-enes oena sonriesa moej bonieta
Je hebt zulke mooie ogen	• Tienes unos ojos muy bonitos
	tie-enes oenos ochos moej bonietos

Ik ben verliefd op je	· Estoy enamorado/enamorada de ti *estoj enamorado/enamorada də tie*
Ik ook op jou	· Yo también de ti *jo tambjen də tie*
Ik houd van jou	· Te quiero *tə kjero*
Ik ook van jou	· Yo también a ti *jo tambjen a tie*
Ik heb niet zulke sterke gevoelens voor jou	· Yo no siento lo mismo por ti *jo no sie-ento lo miesmo por tie*
Ik heb al een vriend/ vriendin	· Ya tengo pareja *ja tengo parecha*
Ik ben nog niet zo ver	· Yo no estoy preparada *jo no estoj preparada*
Het gaat me veel te snel	· Vamos demasiado rápido *bamos demasieado rapiedo*
Blijf van me af	· No me toques *no mə tokes*
Okee, geen probleem	· Vale, no importa *baalə, no iemporta*
Blijf je vannacht bij me?	· ¿Te quedas a dormir? *tə kedas aa dormier?*
Ik wil graag met je naar bed	· Me gustaría acostarme contigo *mə goestariea aakostarmə kontiego*
Alleen met een condoom	· Sólo si usamos condón *solo sie oesamos kondon*
We moeten voorzichtig zijn vanwege aids	· Hay que tener cuidado por lo del sida *aj ke tənər koe-iedado por lo del sieda*
Dat zeggen ze allemaal	· Eso es lo que dicen todos *eeso es lo ke dieSen todos*
Laten we geen risico nemen	· Más vale no arriesgarse *mas baalə no arrie-esgarsə*
Heb je een condoom?	· ¿Llevas condones? *ljebas kondones?*
Nee? Dan doen we het niet	· ¿No? Pues entonces no *no? poe-es entonSes no*

3.10 Iets afspreken

Wanneer zie ik je weer?	· ¿Cuándo te veo? *koeando tə beeo?*

Heeft u in het weekend tijd?	• ¿Tiene tiempo este fin de semana? *tie-enə tie-empo estə fien də semana?*
Wat zullen we afspreken?	• ¿Cómo quedamos? *komo kedamos?*
Waar zullen we elkaar treffen?	• ¿Dónde nos encontramos? *dondə nos enkontramos?*
Komt u mij/ons halen?	• ¿Me/nos pasa a buscar? *mə/nos pasa aa boeskar?*
Zal ik u ophalen?	• ¿Le/la paso a buscar? *lə/la paso aa boeskar?*
Ik moet om … uur thuis zijn	• Tengo que estar en casa a las … *tengo ke estar en kasa aa las …*
Ik wil u niet meer zien	• No quiero volver a verle/verla *no kjero bolber aa berlə/berla*

3.11 Uitgebreid afscheid nemen

Mag ik u naar huis brengen?	• ¿Le/la acompaño a su casa? *lə/la akompanjo aa soe kasa?*
Mag ik u schrijven/op-bellen?	• ¿Puedo escribirle/llamarle/llamarla por teléfono? *poe-edo eskriebierlə/ljamarlə/ljamarla por telefono?*
Schrijft/belt u mij?	• ¿Me escribirá/llamará por teléfono? *mə eskriebiera/ljamara por telefono?*
Mag ik uw adres/telefoon-nummer?	• ¿Me da su dirección/número de teléfono? *mə da soe dierekSieon/noeməro də telefono?*
Bedankt voor alles	• Gracias por todo *ĝraSieas por todo*
Het was erg leuk	• Lo hemos pasado muy bien *lo eemos pasado moej bjen*
Doe de groeten aan …	• Recuerdos a … *rekoe-erdos aa …*
Ik wens je het allerbeste	• Te deseo lo mejor *tə deseeo lo mechor*
Veel succes verder	• Que te vaya bien *ke tə baja bjen*
Wanneer kom je weer?	• ¿Cuándo vuelves? *koeando boe-elbes?*

Ik wacht op je	• Te esperaré
	tə esperarę
Ik zou je graag nog eens terugzien	• Me gustaría volver a verte
	mə ĝoestarięa bolbęr aa bęrtə
Ik hoop dat we elkaar gauw weerzien	• Espero que nos volvamos a ver pronto
	espęro ke nos bolbạmos aa ber prǫnto
Dit is ons adres. Als u ooit in Nederland/België bent ...	• Esta es nuestra dirección. Si alguna vez pasa por Holanda/Bélgica ...
	ęsta es noe-ęstra dierekSieǫn. sie alĝoena beS pạsa por olạnda/bęlchieka ...
U bent van harte welkom	• Está cordialmente invitado
	estạ kordiealmęntə ienbietạdo

In Spanje houdt men gewoonlijk drie maaltijden aan:

1 *el desayuno* (ontbijt) tussen ± 8.00 – 10.00 uur. Meestal niet meer dan een kop koffie of chocolademelk met een sneetje geroosterd brood, een pastel (soort koffiebroodje), croissant of met *churros* (slingers van gebakken deeg).

2 *la comida/el almuerzo* (lunch) tussen ± 13.00 – 15.30 uur. Dit is altijd een warme maaltijd en de overvloedigste van de dag. Hij bestaat meestal uit drie gerechten:

- primer plato/entremés   (voorgerecht)
- segundo plato   (hoofdgerecht)
- postre   (nagerecht)

Veel restaurants hebben een *menú del día* (menu van de dag) voor een vaste prijs met meestal een keuze uit verschillende gerechten (brood + drankje meestal inbegrepen).

3 *la cena* (avondeten) tussen 20.00 – 22.30 uur; 's zomers en in het zuiden van Spanje meestal nog later. Deze maaltijd lijkt op de middagmaaltijd, maar bevat meestal geen gerechten die zwaar op de maag liggen. In belangrijke toeristencentra zijn de openingstijden vaak aangepast en kan men ook vroeger terecht.

Zo rond 18.00 uur neemt men vaak een kop koffie of chocola met churros.

Verder heeft de Spanjaard de gewoonte voor de maaltijd in een bar een aperitief te nemen met een *tapa* (of *pincho*): een klein hapje om de eetlust op te wekken, bijvoorbeeld diverse worstsoorten, slaatjes, visjes, garnalen enzovoort.

4.1 Bij binnenkomst

Kan ik een tafel voor 7 uur reserveren?
· ¿Podría reservar una mesa para las siete?
  podriea reserbar oena mesa para las sie-etə?

Graag een tafel voor 2 personen
· Quisiera una mesa para dos personas
  kiesie-era oena mesa para dos personas

Wij hebben (niet) gereserveerd
· (No) hemos reservado
  (no) eemos reserbado

Is de keuken al open?
· ¿Ya está abierta la cocina?
  ja esta aabjerta la koSiena?

Hoe laat gaat de keuken open/dicht?
· ¿A qué hora abre/cierra la cocina?
  aa ke oora aabrə/Sie-erra la koSiena?

Kunnen wij op een tafel wachten?	· ¿Podemos esperar hasta que se desocupe una mesa?
	podemos esperar asta ke sə desokoepə oena mesa?
Moeten wij lang wachten?	· ¿Tenemos que esperar mucho?
	tenemos ke esperar moetsjo?

¿Ha reservado mesa?	Heeft u gereserveerd?
¿A nombre de quién?	Onder welke naam?
Por aquí, por favor	Deze kant op a.u.b.
Esta mesa está reservada	Deze tafel is gereserveerd
En quince minutos quedará libre una mesa	Over een kwartier hebben wij een tafel vrij
¿Le importaría esperar en la barra mientras tanto?	Wilt u zo lang (aan de bar) wachten?

Is deze plaats vrij?	· ¿Está ocupado este asiento?
	esta okoepado estə aasie-ento?
Mogen wij hier/daar zitten?	· ¿Podemos sentarnos aquí/allí?
	podemos sentarnos aakie/ajie?
— bij het raam	· ¿Podemos sentarnos junto a la ventana?
	podemos sentarnos choento aa la bentana?
Kunnen we buiten ook eten?	· ¿Podemos comer afuera?
	podemos komer aafoe-era?
Heeft u nog een stoel voor ons?	· ¿Podría traernos otra silla?
	podriea traernos ootra sieja?
— een kinderstoel?	· ¿Podría traernos una silla para niños?
	podriea traernos oena sieja para nienjos?
Is er voor deze flessewarmer een stopcontact?	· ¿Hay un enchufe para este calentador de biberones?
	aj oen entsjoefə para estə kalentador də bieberones?
Kunt u dit flesje/potje voor mij opwarmen?	· ¿Podría calentarme este biberón/este bote?
	podriea kalentarmə estə bieberon/estə botə?
Niet te warm a.u.b.	· Que no esté muy caliente, por favor
	ke no estę moej kaljentə, por fabor

| Is hier een ruimte waar ik de baby kan verzorgen? | · ¿Hay algún lugar para cambiar al bebé? *aj algoen loegar para kambjar al bebe?* |
| Waar is het toilet? | · ¿Dónde están los servicios? *dondə estan los serbieSieos?* |

4.2 Bestellen

Ober!	· ¡Camarero! *kamarero!*
Mevrouw /Meneer!	· ¡Oiga (, por favor)! *ojga (, por fabor!)*
Wij willen graag wat eten/ drinken	· Quisiéramos comer/beber algo *kiesie-eramos komer/beber algo*
Kan ik snel iets eten?	· ¿Podría comer algo rápido? *podriea komer algo rapiedo?*
Wij hebben weinig tijd	· Tenemos poco tiempo *tenemos poko tie-empo*
Wij willen eerst nog wat drinken	· Antes quisiéramos beber algo *antes kiesie-eramos beber algo*
Mogen wij de menukaart/ wijnkaart?	· ¿Nos podría traer la carta/la carta de vinos? *nos podriea traer la karta/la karta də bienos?*
Heeft u een menu in het Engels?	· ¿Tienen menú en inglés? *tie-enen menoe en iengles?*
Heeft u een dagmenu/ toeristenmenu?	· ¿Tienen menú del día/menú turístico? *tie-enen menoe del diea/menoe toeriestieko?*
Wij hebben nog niet gekozen	· Todavía no hemos elegido *todabiea no eemos eelechiedo*
Wat kunt u ons aanbevelen?	· ¿Qué nos recomienda? *ke nos rekomjenda?*
Wat zijn de specialiteiten van deze streek/het huis?	· ¿Cuáles son las especialidades de la región/de la casa? *koeales son las espeSiealiedades də la rechjon/də la kasa?*
Ik houd van aardbeien/ olijven	· Me gustan las fresas/las olivas *mə goestan las fresas/las ooliebas*
Ik houd niet van vis/vlees/ ...	· No me gusta el pescado/la carne/... *no mə goesta el peskado/la karnə/...*
Wat is dit?	· ¿Qué es esto? *ke es esto?*

Zitten er … in?	• ¿Lleva …?
	ljeba …?
Waar lijkt het op?	• ¿A qué se parece?
	aa ke sə pareSə?
Is dit gerecht warm of koud?	• ¿Es un plato caliente o frío?
	es oen plato kaljentə oo frieo?
— zoet?	• ¿Es un plato dulce?
	es oen plato doelSə?
— pikant/gekruid?	• ¿Es un plato picante/con mucho condimento?
	es oen plato piekantə/kon moetsjo kondiemento?
Heeft u misschien iets anders?	• ¿Tendría otra cosa?
	tendriea ootra kosa?
Ik mag geen zout (eten)	• No puedo comer sal
	no poe-edo komer sal
— varkensvlees	• No puedo comer carne de cerdo
	no poe-edo komer karnə də Serdo
— sùiker	• No puedo comer azúcar
	no poe-edo komer aaSoekar
— vet	• No puedo comer grasa
	no poe-edo komer grasa
— (scherpe) kruiden	• No puedo comer cosas picantes
	no poe-edo komer kosas piekantes

¿Van a comer?	Wilt u eten?
¿Ya han elegido?	Heeft u uw keuze gemaakt?
¿Van a tomar un aperitivo?	Wilt u een aperitief gebruiken?
¿Qué van a tomar?	Wat wilt u drinken?
Que aproveche	Eet smakelijk
¿Van a tomar postre/café?	Wilt u nog een nagerecht/koffie?

Graag hetzelfde als die mensen	• Lo mismo que esos señores, por favor
	lo miesmo ke eesos senjores, por fabor
Ik wil graag …	• Para mí …
	para mie …
Wij nemen geen voorgerecht	• No vamos a comer primer plato
	no bamos aa komer priemer plato

Het kind zal wat van ons menu meeëten	· El niño comerá de nuestro menú *el nienjo komera də noe-estro menoe*
Nog wat brood a.u.b.	· Más pan, por favor *mas pan, por fabor*
— een fles water/wijn	· Otra botella de agua/de vino, por favor *ootra boteja də aaĝoea/də bieno, por fabor*
— een portie …	· Otra ración de …, por favor *ootra raSieon də …, por fabor*
Kunt u zout en peper brengen a.u.b.?	· ¿Podría traerme sal y pimienta? *podria traermə sal ie piemjenta?*
— een servet	· ¿Podría traerme una servilleta? *podriea traermə oena serbiejeta?*
— een lepeltje	· ¿Podría traerme una cucharilla? *podriea traermə oena koetsjarieja?*
— een asbak	· ¿Podría traerme un cenicero? *podriea traermə oen SenieSero?*
— lucifers	· ¿Podría traerme unas cerillas? *podriea traermə oenas Seriejas?*
— tandenstokers	· ¿Podría traerme unos palillos? *podriea traernos oenos paliejos?*
— een glas water	· ¿Podría traerme un vaso de agua? *podriea traermə oen baso də aaĝoea?*
— een rietje (voor het kind)	· ¿Podría traerme una pajita (para el niño)? *podriea traermə oena pachieta (para el nienjo)?*
Eet smakelijk!	· ¡Que aproveche! *ke aaprobetsjə!*
Van hetzelfde	· Igualmente *ieĝoealmentə*
Proost!	· ¡Salud! *saloe!*
Het volgende rondje is voor mij	· La próxima ronda la pago yo *la proksiema ronda la paĝo jo*
Mogen wij de resten meenemen voor onze hond?	· ¿Podemos llevarnos las sobras para el perro? *podemos ljebarnos las sobras para el perro?*

Zie ook 8.2 *Afrekenen.*

Wat is de prijs van dit gerecht?	• ¿Cuánto vale este plato? *koeanto baalə estə plato?*
De rekening a.u.b.	• La cuenta, por favor *la koe-enta, por fabor*
Alles bij elkaar	• Todo junto *todo choento*
Ieder betaalt voor zich	• Cada uno paga lo suyo *kada oeno paĝa lo soejo*
Mogen wij de kaart nog even zien?	• ¿Podría traernos otra vez la carta? *podriea traernos ootra beS la karta?*
De ... staat niet op de rekening	• Ha olvidado apuntar el/la ... *aa olbiedado aapoentar el/la ...*

4.4 Klagen

Het duurt wel erg lang	• Están tardando mucho *estan tardando moetsjo*
Wij zitten hier al een uur	• Ya llevamos una hora aquí *ja ljebamos oena oora aakie*
Dit moet een vergissing zijn	• Esto tiene que ser una equivocación *esto tie-enə ke ser oena eekiebokaSieon*
Dit is niet wat ik besteld heb	• Esto no es lo que he pedido *esto no es lo ke ee pediedo*
Ik heb om ... gevraagd	• He pedido ... *ee pediedo ...*
Er ontbreekt een gerecht	• Falta un plato *falta oen plato*
Dit is kapot/niet schoon	• Esto está roto/no está limpio *esto esta roto/no esta liempjo*
Het eten is koud	• La comida está fría *la komieda esta friea*
— niet vers	• La comida no está fresca *la komieda no esta freska*

— te zout/zoet/gekruid	• La comida está muy salada/dulce/picante *la komieda esta moej salada/doelSə/ piekantə*

Het vlees is niet gaar	• La carne está cruda *la karnə esta kroeda*
— te gaar	• La carne está muy hecha *la karnə esta moej etsja*
— taai	• La carne está dura *la karnə esta doera*
— bedorven	• La carne está podrida *la karnə esta podrieda*
Kunt u mij hier iets anders voor geven?	• ¿Me podría traer otra cosa en lugar de esto? *mə podriea traer ootra kosa en loeğar də esto?*
De rekening/dit bedrag klopt niet	• La cuenta/este precio está mal *la koe-enta/estə preSieo esta mal*
Dit hebben wij niet gehad	• Esto no lo hemos comido/bebido *esto no lo eemos komiedo/bebiedo*
Er is geen toiletpapier op het toilet	• No hay papel en el servicio *no aj papel en el serbieSieo*
Heeft u een klachten- boek?	• ¿Tienen libro de reclamaciones? *tie-enən liebro də reklamaSieones?*
Wilt u a.u.b. uw chef roepen?	• Haga el favor de llamar al jefe *aağa el fabor də ljamar al chefə*

4.5 Een compliment geven

Wij hebben heerlijk gegeten	• Hemos comido muy bien *eemos komiedo moej bjen*
Het heeft ons voor- treffelijk gesmaakt	• La comida ha estado exquisita *la komieda aa estado ekskiesieta*
Vooral de … was heel bijzonder	• Sobre todo nos ha gustado mucho el/la … *sobrə todo nos aa ğoestado moetsjo el/la …*

aperitivo
  aperitief
bebidas alcohólicas
  alcoholische dranken
bebidas calientes
  warme dranken
carta de vinos
  wijnkaart
cócteles
  cocktails
cubierto
  a) couvert b) dagmenu
entremeses variados
  voorafjes
especialidades
  specialiteiten
guarnición
  garnering, bijgerecht
mariscos
  schaal- en schelpdieren
menú del día
  dagmenu
pastelería
  taart, gebak
pescados
  visgerechten

platos calientes
  warme gerechten
platos combinados
  plate service
platos del día
  dagschotels
platos fríos
  koude gerechten
platos principales
  hoofdgerechten
platos típicos
  gerechten uit de streek
postres
  desserts
primeros platos
  voorgerechten
raciones
  porties
servicio incluido
  bediening inbegrepen
sopas
  soepen
tapas
  hapjes (bij de borrel)
vinos
  wijnen

4.7 Alfabetische dranken- en gerechtenlijst

aceituna
  olijf
aguacate
  avocado
ahumado
  gerookt

ajo
  knoflook
albóndiga
  gehaktbal, vleesballetje
alcachofa
  artisjok

almejas
(kleine) mosselen
almendra
amandel
ancas de rana
kikkerbilletjes
anchoa
ansjovis
anguila
aal, paling
angulas
glasaaltjes
anís
anijslikeur
apio
selderij
arenque
haring
arroz (con leche)
rijst(ebrij)
asado
gebraden
atún
tonijn
avellana
hazelnoot
bacalao
stokvis, kabeljauw
batido de ...
...drank, ...milkshake
berberechos
schelpdiertjes
berenjena
aubergine
biftec
biefstuk
bizcocho (borracho)
(in likeur gedrenkte) cake
blanco
wit

bocadillo
belegd broodje
bonito
tonijn
boquerones
verse ansjovis
brazo de gitano
soort gebak
buey
ossevlees
buñuelo de crema
soort gevulde oliebol
cabrito
jonge geit
café (solo/con leche)
koffie (zwart/met melk)
calamares (en su tinta)
inktvis (in eigen inkt)
caldo
bouillon
callos
pens
canelones
gevulde deegrolletjes
cangrejo
a) rivierkreeft b) krab
caracoles
slakken
carne
vlees
carpa
karper
castaña
kastanje
cebolla
ui
cerdo
varkensvlees
cereza
kers

cerveza
bier

chanquetes
gebakken visjes

chorizo
rode, pikante worst

chucrut
zuurkool

chuleta
kotelet

churros
gefrituurde deegstengels

ciervo
hert

cigala
kleine zeekreeft

ciruela
pruim

clarete
lichtrode, niet zoete wijn

cochinillo asado
gebraden speenvarken

cocido
gekookt

cocido
eenpansgerecht, stoofschotel

codorniz
kwartel

col
kool

coles de Bruselas
spruitjes

coliflor
bloemkool

coñac
cognac

concha
schelp

conejo
konijn

consomé con huevo
bouillon met ei

copa helada
ijscoupe

cordero
lamsvlees

costilla
rib

crema
room

crema de ...
crèmesoep

crepes
flensjes

criadillas
teelballen

crudo
rauw

cuba libre/cubat
rum-cola

dátil
dadel

dulce
zoet gerecht

emperador
zwaardvis

en escabeche
gemarineerd

en jalea
in gelei

endivia
witlof

ensalada (mixta)
salade, sla (met tomaat en ui)

ensalada marquesa
salade van tomaten, ui en
peterselie

ensaladilla rusa
aardappelsalade

escalope
Wiener schnitzel

espárragos
asperges
espinacas
spinazie
fabada asturiana
gerecht van grote witte bonen
fideos
vermicelli
filete
filet
flan
custardpudding (met karamel-saus)
frambuesa
framboos
fresa
aardbei
fresco
a) vers b) koel
frito
gefrituurd, gebakken
fruta (del tiempo)
(vers) fruit
galleta
koekje, biscuit
gambas
grote garnalen
garbanzos
kikkererwten
gazpacho andaluz
koude soep
granizado
drankje van geschaafd ijs
grosellas
bessen
guisado
gestoofd
guisado, guiso
stoofgerecht
guisantes
doperwten

habas
tuinbonen
helado
ijs
hígado de ganso
ganzelever
higo
vijg
horchata (de chufas)
notenmelk
huevos al plato
spiegeleieren
huevos duros
hardgekookte eieren
huevos revueltos
roerei
infusión
kruidenthee
jamón cocido/de York
gekookte ham
jamón serrano
rauwe ham
jerez (seco, dulce)
sherry (droge, zoete)
judías verdes
sperziebonen
jugo
sap, jus
langosta
kreeft
langostino
soort garnaal
leche
melk
lechuga
kropsla
legumbres
peulvruchten
lengua
tong (vlees)

lenguado
tong (vis)
lentejas
linzen
licor
likeur
liebre
haas
limón
citroen
limonada
a) citroenlimonade
b) sangria
lomo de cerdo
varkenshaas
longaniza
lange braadworst
lubina
zeewolf
maíz (mazorca)
maïs(kolven)
málaga
donkere zoete wijn
manteca
vet, reuzel
mantecado
roomijs
mantequilla
boter
manzana
appel
manzanilla
a) kamille b) soort sherry
marinado
gemarineerd
mazapán
marsepein
mejillones
grote mosselen
melocotón
perzik

melón
meloen
membrillo
kweepeer
merengue
schuimgebak
merluza
heek (soort schelvis)
mermelada
jam
mero
griet, heilbot
mollejas
zwezerik
morcilla
bloedworst
naranja
sinaasappel
naranjada
sinas
nata
(slag)room
natillas
soort vla
nuez
walnoot
ostras
oesters
paella
rijstschotel met vis en schelpdieren
pan
brood
pasas
rozijnen
pasas de Corinto
krenten
pastel
a) gebakje b) pastei
pastel de caza
wildpastei

patatas fritas
a) gebakken aardappelen
b) patates frites
pato (silvestre)
eend (wild)
pavo
kalkoen
pechuga
borst
pepino
komkommer
pepinillos
augurken
pera
peer
perdiz
patrijs
perejil
peterselie
pescado
vis
picadillo de ternera
kalfsvleesschotel
pierna
bout
pimienta
peper
pimiento
paprika
piña
ananas
plancha (a la)
gegrild
plátano
banaan
platija
schol
pollo
kip

pomelo
grapefruit
potaje
maaltijdsoep
puchero
stoofschotel
pudin
a) pudding b) pastei
puerro
prei
pulpo
inktvis
queso
kaas
rábanos
radijsjes
rabo de buey
ossestaart
rape
zeeduivel
relleno
gevuld
remolacha
biet
riñones
niertjes
romana (a la)
in beslag gefrituurd
ron
rum
rosado
rosé
salchicha
worstje, saucijs
salchichón
soort cervelaatworst
salmón
zalm
salmonete
zeebarbeel

sandía
watermeloen
sangría
sangria (wijn met stukjes fruit)
sardinas
sardines
seco
droog/gedroogd
sesos
hersenen
setas
paddestoelen
solomillo de buey
ossehaas
sopa
soep
sopa de tortugas
schildpadsoep
tarta helada
ijstaart
té
thee
ternera
kalfsvlees
tinto
rood
tocino
spek
tomate
tomaat

tortilla española
dikke aardappelomelet
tortilla francesa
omelet
trucha
forel
trufas
truffels
turrón
noga
uva
druif
vaca
koe/rund
venado
hert
verduras
groenten
vinagre
azijn
yemas
snoepgoed
yogur
yoghurt
zanahorias
worteltjes
zarzuela
gemengde visschotel
zumo
sap

De weg vragen

Pardon, mag ik u iets vragen?
· Perdone, ¿podría preguntarle algo?
perdonə, podriea preĝoentarlə alĝo?

Ik ben de weg kwijt
· Me he perdido
mə ee perdiedo

Weet u een ... in de buurt?
· ¿Sabe dónde hay un(a) ... por aquí?
sabə dondə aj oen(a) ... por aakie?

Is dit de weg naar ...?
· ¿Se va por aquí a ...?
sə ba por aakie aa ...?

Kunt u me zeggen hoe ik naar ... moet rijden/lopen?
· ¿Podría decirme cómo llegar a ...?
podriea deSiermə komo ljeĝar aa ...?

Hoe kom ik het snelst in ...?
· ¿Cómo hago para llegar lo antes posible a ...?
komo aaĝo para ljeĝar lo antes posieblə aa ...?

Hoeveel kilometer is het nog naar ...?
· ¿Cuántos kilómetros faltan para llegar a ...?
koeantos kielometros faltan para ljeĝar aa ...?

Kunt u het op de kaart aanwijzen?
· ¿Podría señalarlo en el mapa?
podriea senjalarlo en el mapa?

No sé, no soy de aquí	Ik weet het niet, ik ben hier niet bekend
Por aquí no es	U zit verkeerd
Tiene que volver a ...	U moet terug naar ...
Allí los carteles le indicarán	Daar wijzen de borden u verder
Vuelva a preguntar allí	Daar moet u het opnieuw vragen
todo recto	rechtdoor
a la izquierda	linksaf
a la derecha	rechtsaf
torcer	afslaan
seguir	volgen
cruzar	oversteken

el cruce	de kruising
la calle	de straat
el semáforo	het verkeerslicht
el túnel	de tunnel
el stop	het verkeersbord 'voorrangs-kruising'
el edificio	het gebouw
en la esquina	op de hoek
el río	de rivier
el viaducto	het viaduct
el puente	de brug
el paso a nivel/las barreras	de spoorwegovergang/de spoorbomen
el cartel en dirección de ...	het bord richting ...
la flecha	de pijl

5.1 Douane

Grensdocumenten: Voor Nederlanders en Belgen die niet langer dan drie maanden blijven, volstaat een geldig paspoort (niet langer dan vijf jaar verlopen) of een geldige toeristenkaart.
Blijft men langer dan drie maanden, dan moet een visum worden aangevraagd.
In- en uitvoerbepalingen:
- geld: invoer is onbeperkt, uitvoer: maximaal 100.000 peseta's
- videoapparatuur moet bij invoer worden aangegeven. Na het betalen van een borgsom krijgt men een tijdelijk invoerdocument. Bij terugkeer wordt de borgsom weer terugbetaald.

Su pasaporte, por favor	Uw paspoort a.u.b.
La tarjeta verde, por favor	De groene kaart a.u.b.
El permiso de circulación/la carta gris, por favor	Het kentekenbewijs a.u.b.
Su visado, por favor	Uw visum a.u.b.
¿Adónde va?	Waar gaat u naartoe?
¿Cuánto tiempo piensa quedarse?	Hoelang bent u van plan te blijven?

Mijn kinderen zijn bijge-schreven in dit paspoort	· Mis hijos están apuntados en este pasaporte *mies iechos estan aapoentados en estə pasaportə*
Ik ben op doorreis	· Estoy de paso *estoj də paso*
Ik ga op vakantie naar …	· Voy de vacaciones a … *boj də bakaSieones aa …*
Ik ben op zakenreis	· He venido en viaje de negocios *ee beniedo en bjachə də neĝoSieos*
Ik weet nog niet hoelang ik blijf	· Todavía no sé cuánto tiempo me quedaré *todabiea no se koeanto tie-empo mə kedarə*
Ik blijf hier een weekend	· Pienso quedarme un fin de semana *pjenso kedarmə oen fien də semana*
— een paar dagen	· Pienso quedarme unos días *pjenso kedarmə oenos dieas*
— een week	· Pienso quedarme una semana *pjenso kedarmə oena semana*
— twee weken	· Pienso quedarme dos semanas *pjenso kedarmə dos semanas*
Ik heb niets aan te geven	· No tengo nada que declarar *no tenĝo nada ke deklarar*
Ik heb — bij me	· Traigo — *trajĝo —*
— een slof sigaretten	· Traigo un cartón de cigarrillos *trajĝo oen karton də Sieĝariejos*
— een fles …	· Traigo una botella de … *trajĝo oena boteja də …*
— enkele souvenirs	· Traigo algunos recuerdos de viaje *trajĝo alĝoenos rekoe-erdos də bjachə*
Dit zijn persoonlijke spullen	· Éstos son artículos personales *estos son artiekoelos personales*
Deze spullen zijn niet nieuw	· Estas cosas no son nuevas *estas kosas no son noe-ebas*

ONDERWEG

58

Hier is de bon	· Aquí está el recibo
	aak<u>ie</u> est<u>a</u> el reS<u>ie</u>bo
Dit is voor eigen gebruik	· Esto es para uso personal
	<u>e</u>sto es p<u>a</u>ra <u>oe</u>so person<u>a</u>l
Hoeveel moet ik aan invoerrechten betalen?	· ¿Cuánto tengo que pagar por derechos de aduana?
	ko<u>ea</u>nto t<u>e</u>ngo ke pa<u>g</u>ar por der<u>e</u>tsjos də aadoe<u>a</u>na?
Mag ik nu gaan?	· ¿Puedo seguir?
	poe-<u>e</u>do se<u>g</u>ier?

5.2 Bagage

Kruier!	· ¡Mozo!
	mo<u>S</u>o!
Wilt u deze bagage naar … brengen a.u.b.?	· ¿Podría llevar este equipaje a …?
	podr<u>ie</u>a ljeb<u>a</u>r <u>e</u>stə eekiep<u>a</u>chə aa …?
Hoeveel krijgt u van mij?	· ¿Cuánto le debo?
	ko<u>ea</u>nto lə d<u>e</u>bo?
Waar kan ik een bagage-wagentje vinden?	· ¿Dónde hay carritos para el equipaje?
	dondə aj karr<u>ie</u>tos p<u>a</u>ra el eekiep<u>a</u>chə?
Kan ik deze bagage in bewaring geven?	· ¿Podría dejar este equipaje en la consigna?
	podr<u>ie</u>a dech<u>a</u>r <u>e</u>stə eekiep<u>a</u>chə en la kons<u>ieg</u>na?
Waar zijn de bagage-kluizen?	· ¿Dónde está la consigna automática?
	dondə esta la kons<u>ieg</u>na autom<u>a</u>tieka?
Ik krijg de kluis niet open	· No logro abrir la puerta de la consigna
	no lo<u>g</u>ro aabri<u>e</u>r la poe-<u>e</u>rta də la kons<u>ieg</u>na
Hoeveel kost het per stuk per dag?	· ¿Cuánto sale por bulto y por día?
	ko<u>ea</u>nto s<u>a</u>lə por b<u>oe</u>lto ie por d<u>ie</u>a?
Dit is niet mijn tas/koffer	· Éste/ésta no es mi bolso/mi maleta
	<u>e</u>stə/<u>e</u>sta no es mie b<u>o</u>lso/mie mal<u>e</u>ta
Er ontbreekt nog een stuk/tas/koffer	· Todavía falta un bulto/un bolso/una maleta
	todab<u>ie</u>a f<u>a</u>lta oen b<u>oe</u>lto/oen b<u>o</u>lso/<u>oe</u>na mal<u>e</u>ta
Mijn koffer is beschadigd	· Me ha dañado la maleta
	mə aan danjado la mal<u>e</u>ta

a la derecha
naar rechts
a la izquierda
naar links
abierto
open (van bergpas)
altura máxima
max. doorrijhoogte
arcenes sin firmar
zachte berm
¡atención, peligro!
gevaar
autopista
autosnelweg (met tol)
autovía
autoweg
bajada peligrosa
steile helling
bifurcación
splitsing
calzada resbaladiza
slipgevaar
cambio de sentido
mogelijkheid om in de tegen-
overgestelde richting te gaan
rijden (op de snelweg)
cañada
overstekend vee
carretera comarcal
provinciale weg
carretera cortada
afgesloten weg
carretera en mal estado
slechte weg
carretera nacional
autoweg
carretera vecinal
B-weg

ceda el paso
voorrang verlenen
cerrado
gesloten (van bergpas)
cruce peligroso
gevaarlijke kruising
curvas en .. km
bochten over ... km
despacio
langzaam rijden
desprendimientos
vallend gesteente
desvío
omleiding
dirección prohibida
verboden in te rijden
dirección única
eenrichtingsverkeer
encender las luces
lichten ontsteken
esperen
wachten
excepto ...
met uitzondering van ...
fin de ...
einde ...
hielo
ijs
niebla
mistbanken
nieve
sneeuw
obras
werkzaamheden
paso a nivel (sin barreras)
(onbewaakte) overgang
paso de ganado
overstekend vee

ONDERWEG

peaje	**salida de camiones**
tol	uitrit vrachtwagens
peatones	**substancias peligrosas**
voetgangers	route gevaarlijke stoffen
precaución	**travesía peligrosa**
voorzichtig	gevaarlijk traject
prohibido aparcar	**vado permanente**
parkeren verboden	uitrit vrijlaten
puesto de socorro	**zona peatonal**
EHBO-post	voetgangerszone
salida	
uit(gang)	

5.4 De auto

Zie afbeelding pag. 62, 63.

Afwijkende verkeersregels:
- **maximumsnelheid** op *autopistas* (autosnelwegen)
120 km: personenauto's – motoren
100 km: autobussen – vrachtwagens
 80 km: auto's met caravan
op wegen met 2 of meer rijstroken in 1 richting
100 km: personenauto's – motoren
 90 km: autobussen
 80 km: auto's met caravan – vrachtwagens
op overige wegen:
 90 km: personenauto's – motoren
 80 km: autobussen
 70 km: auto's met caravan – vrachtwagens
 60 km: voor alle verkeer in de bebouwde kom
- **voorrang**: alle verkeer van rechts heeft voorrang, ook het langzame, behalve op voorrangswegen. Openbaar vervoer heeft altijd voorrang. Een verkeersbord: gele driehoek met rode rand met het opschrift *ceda el paso* = voorrang verlenen!
- **motor**: vanaf 125 cc cilinderinhoud is helm verplicht, bij minder dan 125 cc alleen verplicht buiten de bebouwde kom.
- **bergwegen**: verplicht claxonneren bij onoverzichtelijke bochten.
- **autogordels**: verplicht buiten de bebouwde kom.

Door een leveringsverbod is het in Spanje niet mogelijk LPG te tanken. De voorraad LPG in de tank mag worden opgebruikt. Loodvrije benzine is op een beperkt aantal plaatsen verkrijgbaar. Het Spaanse verkeersbureau geeft lijsten uit waarop de benzinestations staan vermeld die loodvrije benzine verkopen (de meeste liggen aan de kust).

Hoeveel kilometer is het naar het volgende benzinestation?	· ¿Cuántos kilómetros faltan para la próxima gasolinera? *koeantos kielometros faltan para la proksiema gasolienera?*
Ik wil … liter —	· Póngame … litros de — *pongama … lietros da —*
— superbenzine	· Póngame … litros de gasolina súper *pongama … lietros da gasoliena soeper*
— normale benzine	· Póngame … litros de gasolina normal *pongama … lietros da gasoliena normal*
— diesel	· Póngame … litros de gasóleo *pongama … lietros da gasoleeo*
— loodvrije benzine	· Póngame … litros de gasolina sin plomo *pongama … lietros da gasoliena sien plomo*
Ik wil voor … peseta's benzine	· Póngame gasolina por … pesetas *pongama gasoliena por … pesetas*
Vol a.u.b.	· Lléneme el depósito, por favor *ljenema el deposieto, por fabor*
Wilt u — controleren?	· ¿Podría controlar—? *podriea kontrolar —?*
— het oliepeil	· ¿Podría controlar el nivel del aceite? *podriea kontrolar el niebel del aaSeita?*
— de bandenspanning	· ¿Podría controlar la presión de los neumáticos? *podriea kontrolar la presieon da los ne-oematiekos?*
Kunt u de olie verversen?	· ¿Podría cambiar el aceite? *podriea kambjar el aaSeita?*

De onderdelen van de auto (de genummerde onderdelen zijn afgebeeld)

62

	Nederlands	Spaans	(uitspraak)
1	accu	la batería	la batería
2	achterlicht	el faro piloto	el faro pieloto
3	achteruitkijkspiegel	el retrovisor	el retrobeser
	achteruitrijlamp	la luz de marcha atrás	la loeS de martsja atras
4	antenne	la antena	la antena
	autoradio	la autorradio	la autorgadioo
5	benzinetank	el depósito de gasolina	el depósito de gasolina
6	bougies	las bujías	las boechías
	brandstoffilter/pomp	el separador de gasolina	el separador de gasolina
7	buitenspiegel	el espejo exterior	el espécho eksterior
8	bumper	el parachoques	el paratsjokes
	carburateur	el carburador	el karboeradur
	carter	el cárter	el karter
	cilinder	el cilindro	el Siliendro
	contactpunten	los contactos del ruptor	los kontaktos del roeptor
	controlelampje	la luz piloto	la loeS pieloo
	dynamo	la dinamo	la dienamo
	gaspedaal	el pedal del acelerador	el pedal del aSelerador
	handrem	el freno de mano	el freno de manoo
	klep	la válvula	la balboela
9	knalpot	el silenciador	el silienSiedador
10	kofferbak	el maletero	el maletero
11	koplamp	el faro	el faro
	krukas	el cigüeñal	el Siegoe-enjal
12	luchtfilter	el filtro de aire	el filtro de gira
	mistachterlicht	la luz antiniebla trasera	la loeS antenjebla trasera
13	motorblok	el bloque motor	el bloke motor
	nokkenas	el árbol de levas	el árbol de lebas
	oliefilter/pomp	el filtro de aceite	el fieltro de aSeite
	oliepeilstok	la varilla indicadora de nivel de aceite	la bareja tendiekadora de nibel de aSeite
	pedaal	el pedal	el pedal
14	portier	la portezuela	la portezoeela
15	radiateur	el radiador	el radieador
16	remschijf	el disco del freno	el dizeko del freno
	reservewiel	la rueda de reserva	la roeeda de reserba
17	richtingaanwijzer	el intermitente	el ientermietiente
18	ruitenwisser	el limpiaparabrisas	el liempieaparabrisas
19	schokbrekers	los amortiguadores	los amortigoeadores
	schuifdak	el techo corredizo	el tetsjo korredieSo
	spoiler	el spoiler	el spoiler
	startmotor	el motor de arranque	el motor de aranqke
20	stuurhuis	el cárter de la dirección	el karter de la dierekSieon
21	uitlaatpijp	el tubo de escape	el toebo de eskape
22	veiligheidsgordel	el cinturón (de seguridad)	el Sientoeron (de segoeredá)
	ventilator	el ventilador	el bentielador
23	verdelerkabels	los cables del distribuidor	los kables del destreboe-iedor
24	versnellingshandel	la palanca de cambios	la palangka de kambio
25	voorruit	el parabrisas	el parabrisas
	waterpomp	la bomba de agua	la bomba de agoea
26	wiel	la rueda	la roeeda
27	wieldop	el tapacubos	el tapakoeboes
	zuiger	el émbolo	el émbolo

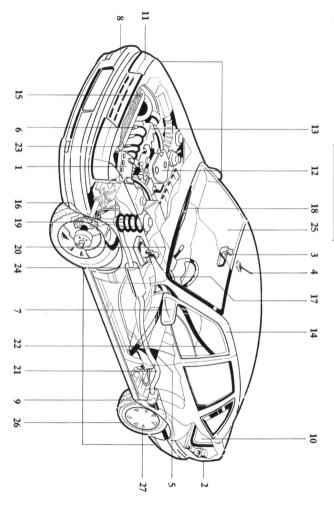

Kunt u de ruiten/de voorruit schoonmaken?	· ¿Podría limpiar los cristales/el parabrisas? *podriea liempjar los kriestales/el parabriesas?*
Kunt u de auto een wasbeurt geven?	· ¿Podría lavar el coche? *podriea labar el kotsjə?*

5.6 Pech en reparaties

Ik heb pech. Kunt u me even helpen?	· Tengo una avería. ¿Podría ayudarme? *tengo oena aaberiea. podriea aajoedarmə?*
Ik sta zonder benzine	· Me he quedado sin gasolina *mə ee kedado sien gasoliena*
Ik heb de sleuteltjes in de auto laten zitten	· Me he dejado las llaves en el coche *mə ee dechado las ljabes en el kotsjə*
De auto/motorfiets/ brommer start niet	· El coche/la moto/el ciclomotor no arranca *el kotsjə/la moto/el Sieklomotor no arranka*
Kunt u voor mij de wegenwacht waarschuwen?	· ¿Podría avisar al auxilio en carretera? *podriea aabiesar al auksieljo en karretera?*
Kunt u voor mij een garage bellen?	· ¿Podría llamar por teléfono a un taller mecánico? *podriea ljamar por telefono aa oen tajer mekanieko?*
Mag ik met u meerijden naar —?	· ¿Me podría llevar a —? *mə podriea ljebar aa —?*
— een garage/de stad	· ¿Me podría llevar a un taller mecánico/a la ciudad? *mə podriea ljebar aa oen tajer mekanieko/aa la Sieoeda?*
— een telefooncel	· ¿Me podría llevar a una cabina de teléfonos? *mə podriea ljebar aa oena kabiena də telefonos?*
— een praatpaal	· ¿Me podría llevar a un teléfono de emergencia? *mə podriea ljebar aa oen telefono də eemerchenSiea?*

Kan mijn (brom)fiets ook mee?	· ¿Podríamos llevar la bicicleta/el ciclomotor? *podrieamos ljebar la bieSiekleta/el Sieklomotor?*
Kunt u mij naar een garage slepen?	· ¿Podría remolcarme hasta un taller mecánico? *podriea remolkarmə asta oen tajer mekanieko?*
Er is waarschijnlijk iets mis met ... (Zie 5.4 en 5.7)	· Me parece que está fallando el/la ... *mə pareSə ke esta fajando el/la ...*
Kunt u het repareren?	· ¿Podría arreglarlo? *podriea arreglarlo?*
Kunt u mijn band plakken?	· ¿Podría arreglar el pinchazo? *podriea arreglar el pientsjaSo?*
Kunt u dit wiel verwisselen?	· ¿Podría cambiar esta rueda? *podriea kambjar esta roe-eda?*
Kunt u het zo repareren dat ik ermee naar ... kan rijden?	· ¿Podría arreglarlo de tal manera que pueda seguir hasta ...? *podriea arreglarlo də tal manera ke poe-eda segier asta ...?*
Welke garage kan me wel helpen?	· ¿En qué taller me podrán ayudar entonces? *en ke tajer mə podran aajoedar entonSes?*
Wanneer is mijn auto/fiets klaar?	· ¿Para cuándo estará mi coche/bicicleta? *para koeando estara mie kotsjə/bieSiekleta?*
Kan ik er hier op wachten?	· ¿Puedo esperar aquí? *poe-edo esperar aakie?*
Hoeveel gaat het kosten?	· ¿Por cuánto me va a salir? *por koeanto mə ba aa salier?*
Kunt u de rekening specificeren?	· ¿Podría especificar la cuenta? *podriea espeSiefiekar la koe-enta?*
Mag ik een kwitantie voor de verzekering?	· ¿Me podría dar un recibo para el seguro? *mə podriea dar oen reSiebo para el segoero?*

No tengo piezas de recambio para su coche/su bicicleta	Ik heb geen onderdelen voor uw wagen/fiets

ONDERWEG

De onderdelen van de fiets (de genummerde onderdelen zijn afgebeeld)

	Nederlands	Español	(uitspraak)
1	achterlicht	el piloto	el pieloto
2	achterwiel	la rueda trasera	la roe-eda trasera
3	bagagedrager	el portaequipajes	el porta-ekepẹches
4	balhoofd	la cabeza	la kabeŜa
5	bel	el timbre	el tiembre
	binnenband	la cámara	la Ŝamara
	buitenband	el neumático/la cubierta	el ne-oematieko/la koebjerta
6	crank	la biela	la bjela
7	derailleur	el cambio de velocidades	el kambjo de belaŜiedades
	draadje	el hilo	el ielo
	dynamo	la dinamo	la dienamo
	fietskar	el remolque de bicicleta	el remolke de bieŜiekleta
	frame	el cuadro	el koeadro
8	jasbeschermer	el guardafaldas	el ğoeardafaldas
9	keting	la cadena de rodillos	la kadena do rodiẹos
	kettingkast	el cubrecadena/el cárter	el koebr>kadena/el karter
	kettingslot	la cadena antirrobo	la kadena antierobo
	kilometerteller	el contador kilométrico	el kontador kilometrieko
	kinderzitje	el sillín para niños	el siejien para nịenjos
10	koplamp	el faro	el fgro
	lampje	la bombilla	la bombiẹa
11	pedaal	el pedal	el pedal
12	pompje	la bombilla	la bombigạ
13	reflector	el cristal reflectante	el kristạl reflektạnte
14	remblokje	la zapatilla del freno	la Ŝapateẹa del freno
15	remkabel	el cable del freno	el kabla del freno
16	ringslot	la cerradura	la Ŝerradera
17	snelbinders	las bandas elásticas	las bandas elastiekas
18	snelheidsmeter	el velocímetro	el beloŜiemetro
19	spaak	el radio/el rayo	el radie/el rajo
20	spatbord	el guardabarros	el ğoeardabarros
21	stuur	el manillar	el manejar
	tandwiel	el piñon	el pẹnjon
	toeclip	el calapiés	el kalapjes
22	trapas	el eje del cigüeñal	el eẑe del Ŝiegoe-enjal
	trommelrem	el freno de tambor	el freno do tambor
23	velg	la llanta	la ijnta
24	ventiel	la válvula	la balboela
	ventielslangetje	el tubo de la válvula	el tọbo do la balboela
25	versnellingskabel	el cable de velocidades	el kable de beloŜiedades
26	voorvork	la horquilla	la orkịẹa
27	voorwiel	la rueda delantera	la roeda delantera
28	zadel	el sillín	el siejien

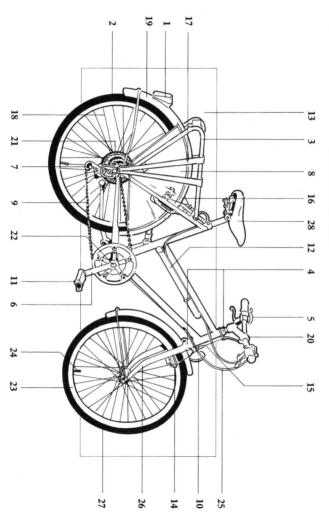

Las piezas de recambio me las tienen que traer de otro sitio	Ik moet de onderdelen ergens anders gaan halen
Las piezas de recambio tengo que encargarlas	Ik moet de onderdelen bestellen
Eso llevará medio día	Dat duurt een halve dag
Eso llevará un día	Dat duurt een dag
Eso llevará unos días	Dat duurt een paar dagen
Eso llevará una semana	Dat duurt een week
Su coche ha quedado siniestro total	Uw auto is total loss
Ya no se puede hacer nada para arreglarlo	Daar valt niets meer aan te doen
El coche/la moto/el ciclomotor/ la bicicleta estará para las ...	De auto/motor/brommer/fiets is om ... uur klaar

5.7 De (brom)fiets

Zie afbeelding fiets pag. 66, 67.

Fietspaden zijn in Spanje zeldzaam. Er wordt over het algemeen weinig rekening gehouden met fietsers op de weg. Aan de kust zijn wel mogelijkheden om fietsen te huren. Voor een bromfiets geldt: duopassagiers zijn verboden, de maximumsnelheid is 40 km/uur en buiten de bebouwde kom is het dragen van een helm verplicht.

5.8 Vervoermiddel huren

Ik wil graag een ... huren	• Quisiera alquilar un ... *kiesie-era alkielar oen ...*
Heb ik daarvoor een (bepaald) rijbewijs nodig?	• ¿Hace falta un permiso de conducir (especial)? *aaSə falta oen permieso də kondoeSier (espeSieal?*
Ik wil de ... huren voor —	• Quisiera alquilar el/la ... por — *kiesie-era alkielar el/la ... por —*
— een dag	• Quisiera alquilar el/la ... por un día *kiesie-era alkielar el/la ... por oen diea*

— twee dagen	• Quisiera alquilar el/la … por dos días	
	kiesie-era alkielar el/la … por dos dieas	69

Wat kost dat per dag/week?	• ¿Cuánto sale por día/por semana?
	koeanto sale por diea/por semana?
Hoeveel is de borgsom?	• ¿Cuánto es la fianza?
	koeanto es la fjanSa?
Mag ik een bewijs dat ik de borgsom betaald heb?	• ¿Me podría dar un recibo por el pago de la fianza?
	mə podriea dar oen reSiebo por el pago də la fjanSa?
Hoeveel toeslag komt er per kilometer bij?	• ¿Cuánto hay que pagar extra por kilómetro?
	koeanto aj ke pagar ekstra por kielometro?
Is de benzine erbij inbegrepen?	• ¿Está incluida la gasolina?
	esta ienkloe-ieda la gasoliena?
Is de verzekering erbij inbegrepen?	• ¿Está incluido el seguro?
	esta ienkloe-iedo el segoero?
Hoe laat kan ik de … morgen ophalen?	• ¿A qué hora puedo pasar mañana a buscar el/la …?
	aa ke oora poe-edo pasar manjana aa boeskar el/la …?
Wanneer moet ik de … terugbrengen?	• ¿A qué hora tengo que devolver el/la …?
	aa ke oora tengo ke debolber el/la …?
Waar zit de tank?	• ¿Dónde está el depósito de gasolina?
	dondə esta el deposieto də gasoliena?
Wat voor brandstof moet erin?	• ¿Qué tipo de combustible hay que echarle?
	ke tiepo də komboestieblə aj ke etsjarlə?

5.9 Liften

Waar gaat u naar toe?	• ¿Adónde va?
	aadondə ba?
Mag ik met u meerijden?	• ¿Me podría llevar?
	mə podriea ljebar?
Mag mijn vriend/vriendin ook mee?	• ¿Podría llevar también a mi amigo/amiga?
	podriea ljebar tambjen aa mie aamiego/aamiega?

Ik moet naar …	• Voy a …
	boj aa …
Ligt dat op de weg naar …?	• ¿Eso está camino de …?
	eeso esta kamieno də …?
Kunt u me — afzetten?	• ¿Me podría dejar —?
	mə podriea dechar —?
— hier	• ¿Me podría dejar aquí mismo?
	mə podriea dechar aakie miesmo?
— bij de afrit naar …	• ¿Me podría dejar en la salida de …?
	mə podriea dechar en la salieda də …?
— in het centrum	• ¿Me podría dejar en el centro?
	mə podriea dechar en el Sentro?
— bij de volgende roton-de	• ¿Me podría dejar en la próxima rotonda?
	mə podriea dechar en la proksiema rotonda?
Wilt u hier stoppen a.u.b.?	• ¿Podría pararse aquí?
	podriea pararsə aakie?
Ik wil er hier uit	• Quisiera bajarme aquí
	kiesie-era bacharmə aakie
Dank u wel voor de lift	• Gracias por llevarme
	ĝraSieas por ljebarmə

6.1 Algemeen

Omroepberichten

El tren con destino a ..., con salida a las ..., saldrá con (unos) ... minutos de retraso.	De trein naar ..., van ... uur heeft een vertraging van ... minuten.
Por la vía ... entrará el tren con destino a .../procedente de ...	Op spoor ... komt binnen de trein naar .../uit ...
En la vía ... aún se encuentra el tren con destino a ...	Op spoor ... staat nog gereed de trein naar ...
El tren con destino a ... hoy saldrá por la vía ...	De trein naar ... vertrekt van- daag van spoor ...
Nos estamos aproximando a la estación de ...	We naderen station ...

Waar gaat deze trein naartoe?	• ¿Adónde va este tren? *aadondə ba estə tren?*
Gaat deze boot naar ...?	• ¿Este barco va a ...? *estə barco ba aa ...?*
Kan ik deze bus nemen om naar ... te gaan?	• ¿Puedo coger este autobús para ir a ...? *poe-edo kocher estə autoboes para ier aa ...?*
Stopt deze trein in ...?	• ¿Este tren para en ...? *estə tren para en ...?*
Is deze plaats bezet/vrij/ gereserveerd?	• ¿Está ocupado/libre/reservado este asiento? *esta ookoepado/liebrə/reserbado estə aasie-ento?*
Ik heb ... gereserveerd	• ... está reservado/reservada *... esta reserbado/reserbada*
Wilt u me zeggen waar ik moet uitstappen voor ...?	• ¿Me podría decir dónde me tengo que bajar para ir a...? *mə podriea deSier dondə mə tengo ke bachar para ier aa...?*

Wilt u me waarschuwen als we bij … zijn?	• ¿Me podría avisar cuando lleguemos a …?
	mə podri̱eа aabiesa̱r koea̱ndo ljeĝemos aa …?
Wilt u bij de volgende halte stoppen a.u.b.?	• La próxima parada, por favor
	la pro̱ksiema para̱da, por fabo̱r
Waar zijn we hier?	• ¿Dónde estamos?
	do̱ndə estamos
Moet ik er hier uit?	• ¿Tengo que bajarme aquí?
	teṉĝo ke bacha̱rmə aaki̱e?
Zijn we … al voorbij?	• ¿Ya hemos pasado …?
	ja ee̱mos pasa̱do …?
Hoelang heb ik geslapen?	• ¿Cuánto tiempo he dormido?
	koea̱nto tie-e̱mpo ee dormie̱do?
Hoelang blijft … hier staan?	• ¿Cuánto tiempo se queda aquí …?
	koea̱nto tie-e̱mpo sə ke̱da aaki̱e …?
Kan ik op dit kaartje ook weer terug?	• ¿Este billete me sirve para volver?
	estə bieje̱tə mə sie̱rbə para bolber?
Kan ik met dit kaartje overstappen?	• ¿Se puede hacer trasbordo con este billete?
	sə poe-e̱də aaSe̱r trasbo̱rdo kon e̱stə bieje̱tə?
Hoelang is dit kaartje geldig?	• ¿Hasta cuándo es válido este billete?
	a̱sta koea̱ndo es ba̱liedo e̱stə bieje̱tə?

6.2 Vragen aan passagiers

Soort plaatsbewijs

¿Primera o segunda clase?	Eerste klas of tweede klas?
¿Billete de ida o de ida y vuelta?	Enkele reis of retour?
¿Fumadores o no fumadores?	Roken of niet roken?
¿Ventanilla o pasillo?	Aan het raam of aan het gang-pad?
¿Adelante o atrás?	Voorin of achterin?
¿Asiento o litera?	Zitplaats of couchette?
¿Arriba, en el medio o abajo?	Boven, midden of onder?
¿Clase turista o preferente?	Toeristenklasse of businessclass?
¿Camarote o butaca?	Hut of stoel?

¿Individual o doble?	Eenpersoons of tweepersoons?	
¿Cuántas personas viajan?	Met hoeveel personen reist u?	73

Bestemming

¿Adónde quiere ir?	Waar gaat u naartoe?
¿Qué día sale?	Wanneer vertrekt u?
Su ... sale a las ...	Uw ... vertrekt om ...
Tiene que hacer transbordo	U moet overstappen
Tiene que bajarse en ...	U moet uitstappen in ...
Tiene que pasar por ...	U moet via ... reizen
El viaje de ida es el día ...	De heenreis is op ...
El viaje de vuelta es el día ...	De terugreis is op ...
Tiene que embarcar a las ... a más tardar	U moet uiterlijk ... aan boord zijn

OPENBAAR VERVOER

In het vervoermiddel

Billetes, por favor	Uw plaatsbewijs a.u.b.
Su reserva, por favor	Uw reservering a.u.b.
Su pasaporte, por favor	Uw paspoort a.u.b.
Se ha equivocado de asiento	U zit op de verkeerde plaats
Se ha equivocado de ...	U zit in de verkeerde ...
Este asiento está reservado	Deze plaats is gereserveerd
Tiene que pagar un suplemento	U moet toeslag betalen
El ... tiene un retraso de ... minutos	De ... heeft een vertraging van ... minuten

---

6.3 Kaartjes

Waar kan ik —?	• ¿Dónde —?
	dondə —?
— een kaartje kopen	• ¿Dónde se compran los billetes?
	dondə sə kompran los biejetes?
— een plaats reserveren	• ¿Dónde se hacen las reservas?
	dondə sə aaSen las reserbas?

— een vlucht boeken	• ¿Dónde puedo hacer una reserva para un vuelo? *dondə poe-edo aaSer oena reserba para oen boe-elo?*
Mag ik — naar ...?	• Quiero — a ... *kjero — aa ...*
— een enkele reis	• Quiero un billete de ida a ... *kjero oen biejete də ieda aa ...*
— een retour	• Quiero un billete de ida y vuelta a ... *kjero oen biejetə də ieda ie boe-elta aa ...*
eerste klasse	• en primera clase *en priemera klasə*
tweede klasse	• en segunda clase *en seĝoenda klasə*
toeristenklasse	• en clase turista *en klasə toeriesta*
businessclass	• en clase preferente *en klasə preferentə*
Ik wil een zitplaats/couchette/hut reserveren	• Quisiera reservar un asiento/una litera/un camarote *kiesie-era reserbar oen aasie-ento/oena lietera/oen kamarotə*
Ik wil een plaats in de slaapwagen reserveren	• Quisiera reservar una plaza en un coche cama *kiesie-era reserbar oena plaSa en oen kotsjə kama*
boven/midden/onder	• arriba/en el medio/abajo *arrieba/en el medieo/aabacho*
roken/niet roken	• fumadores/no fumadores *foemadores/no foemadores*
aan het raam	• ventanilla *bentanieja*
eenpersoons/tweepersoons	• individual/doble *iendiebiedoeal/doblə*
voorin/achterin	• adelante/atrás *aadelantə/atras*
We zijn met ... personen	• Somos ... personas *somos ... personas*
een auto	• un coche *oen kotsjə*

een caravan	• una caravana	75
	oena karabana	
... fietsen	• ... bicicletas	
	... bieSiekletas	
Heeft u ook een —?	• ¿Tienen —?	
	tie-enen —?	
— meerrittenkaart	• ¿Tienen billetes para varios viajes?	
	tie-enen biejetes para barieos bjaches?	
— weekabonnement	• ¿Tienen abonos semanales?	
	tie-enen aabonos semanales?	
— maandabonnement	• ¿Tienen abonos mensuales?	
	tie-enen aabonos mensoeales?	

6.4 Inlichtingen

Waar is —?	• ¿Dónde hay —?
	dondə aj —?
— het inlichtingenbureau	• ¿Dónde está la oficina de información?
	dondə esta la oofieSiena də ienformaSieon?
— een overzicht van de vertrektijden/aan-komsttijden	• ¿Dónde hay un horario?
	dondə aj oen oorarieo?
Waar is de balie van ...?	• ¿Dónde está el mostrador de ...?
	dondə esta el mostrador də ...?
Heeft u een plattegrond van de stad met het bus-/metronet?	• ¿Tendría un plano de la ciudad con la red de autobuses/metro?
	tendriea oen plano də la Sieoedad kon la re də autoboesəs/metro?
Heeft u een dienst-regeling?	• ¿Tendría un horario (de autobuses/de trenes)?
	tendriea oen oorarieo (də autoboeses/də trenes)?
Ik wil mijn reservering/reis naar ... bevestigen/annuleren/wijzigen	• Quisiera confirmar/cancelar/cambiar mi reserva/mi viaje a ...
	kiesie-era konfiermar/kanSelar/kambjar mie reserba/mie bjachə aa ...
Krijg ik mijn geld terug?	• ¿Me devuelven el dinero?
	mə deboe-elben el dienero?

Ik moet naar ... Hoe reis ik daar (het snelst) naar toe?	· Tengo que ir a ... ¿Cómo hago para llegar (lo más rápido posible)? *tengo ke ier aa ... komo aago para ljegar (lo mas rapiedo posiebla)?*
Hoeveel kost een enkele reis/retour naar ...?	· ¿Cuánto vale un billete de ida/de ida y vuelta a ...? *koeanto baala oen biejeta da ieda/da ieda ie boe-elta aa ...?*
Moet ik toeslag betalen?	· ¿Tengo que pagar algún suplemento? *tengo ke pagar algoen soeplemento?*
Mag ik de reis met dit ticket onderbreken?	· ¿Con este billete puedo hacer una parada intermedia? *kon esta biejeta poe-edo aaSer oena parada ientermediea?*
Hoeveel bagage mag ik meenemen?	· ¿Cuánto equipaje puedo llevar? *koeanto eekiepacha poe-edo ljebar?*
Gaat deze ... recht- streeks?	· ¿Este ... va directo? *esta ... ba dierekto?*
Moet ik overstappen? Waar?	· ¿Tengo que hacer trasbordo? ¿Dónde? *tengo ke aaSer trasbordo? donda?*
Maakt het vliegtuig tussenlandingen?	· ¿El avión hace escalas? *el aabieon aaSa eskalas?*
Doet de boot onderweg havens aan?	· ¿El barco hace alguna escala? *el barko aaSa algoena eskala?*
Stopt de trein/bus in ...?	· ¿Este tren/este autobús para en ...? *esta tren/esta autoboes para en ...?*
Waar moet ik uitstappen?	· ¿Dónde me tengo que bajar? *donda ma tengo ke bachar?*
Is er een aansluiting naar ...?	· ¿Hay enlace para ...? *aj enlaSa para ...?*
Hoelang moet ik wach- ten?	· ¿Cuánto tengo que esperar? *koeanto tengo ke esperar?*
Wanneer vertrekt ...?	· ¿Cuándo sale ...? *koeando sala ...?*
Hoe laat gaat de/het eerste/volgende/laatste ...?	· ¿A qué hora sale el primer/próximo/ último ...? *aa ke oora sala el priemer/proksiemo/ oeltiemo ...?*
Hoelang doet ... erover?	· ¿Cuánto tarda ... en llegar? *koeanto tarda ... en ljegar?*
Hoe laat komt ... aan in ...?	· ¿A qué hora llega ... a ...? *aa ke oora ljega ... aa ...?*

Waar vertrekt de/het …	• ¿De dónde sale el … a …?	
naar …?	*də dóndə sálə el … aa …?*	77
Is dit … naar …?	• ¿Este es … a …?	
	éste es … aa …?	

6.5 Vliegtuig

Als toerist zult u waarschijnlijk met een chartervlucht aankomen op een van de Spaanse luchthavens. Soms zijn er twee luchthavens naast elkaar, een voor de *vuelos chárter* (charters) en een voor *vuelos de línea* (lijnvluchten). Meestal zijn er op de luchthavens twee ingangen: *llegadas* (aankomst) en *salidas* (vertrek). Na het inchecken krijgt u een *tarjeta de embarque* (instapkaart) en wordt u verteld via welke *puerta* (uitgang) u naar het vliegtuig moet lopen.

llegadas	**salidas**
aankomst	vertrek
puente aéreo	**vuelos internacionales**
luchtbrug (ononderbroken	internationaal
luchtverbinding Madrid-	**vuelos nacionales**
Barcelona)	binnenlandse vluchten

6.6 Trein

Het spoorwegnet is in Spanje niet zo uitgebreid als bij ons, maar daar staat tegenover dat de trein over het algemeen goedkoper is (althans per kilometer) dan wij gewend zijn. De Spaanse Spoorwegen (RENFE) zijn verantwoordelijk voor het nationale treinverkeer. Rond Barcelona worden nog enkele lijnen door plaatselijke maatschappijen geëxploiteerd. Tussen de grote steden rijdt de TALGO, een luxe intercitytrein. Deze rijdt ook 's nachts. Kaartjes zijn verkrijgbaar aan het loket en op RENFE-kantoren en -verkooppunten in de steden.

Voor buitenlanders zijn er ook speciale aanbiedingen zoals het *Tarjeta turística*: gedurende 8, 15 of 22 dagen reizen door heel Spanje in alle treinen.

Taxi's zijn er in Spanje in overvloed en ze zijn goedkoper dan bij ons.
Vooral in Barcelona (zwart-geel) en Madrid (meestal zwart met rode
streep) rijden er duizenden. Als de taxi vrij is brandt op het dak een
groen licht en een bordje *libre*. De gebruikelijke manier om een taxi te
nemen is op straat wachten tot er een langskomt en uw hand opsteken.
De meeste taxi's hebben een meter en de ritprijs is afhankelijk van
afstand en tijdsduur, maar u kunt ook vooraf een vast bedrag afspreken.
Toeslagen voor bagage, nachtritten en voor ritten naar het vliegveld zijn
gebruikelijk.

libre	**parada de taxis**
vrij	taxistandplaats
ocupado	
bezet	

Taxi!	• ¡Taxi!
	taksie!
Kunt u een taxi voor me bellen?	• ¿Me podría llamar un taxi?
	mə podriea ljamar oen taksie?
Waar kan ik hier in de buurt een taxi nemen?	• ¿Dónde se puede coger un taxi por aquí?
	dondə sə poe-edə kocher oen taksie por aakie?
Brengt u me naar — a.u.b.	• A —, por favor
	aa —, por fabor
— dit adres	• A esta dirección, por favor
	aa esta dierekSieon, por fabor
— hotel …	• Al hotel …, por favor
	al ootel …, por fabor
— het centrum	• Al centro, por favor
	al Sentro, por fabor
— het station	• A la estación, por favor
	aa la estaSieon, por fabor
— het vliegveld	• Al aeropuerto, por favor
	al aaeropoe-erto, por fabor
Hoeveel kost een rit naar …?	• ¿Cuánto sale hasta …?
	koeanto salə asta …?

| Hoever is het naar …? | • ¿Cuánto es hasta …? |
| | *koeanto es asta …?* |

Wilt u de meter aanzetten a.u.b.?	• ¿Podría poner en marcha el taxímetro?
	podriea poner en martsja el taksiemetro?
Ik heb haast	• Llevo prisa
	ljebo priesa
Kunt u iets harder/lang- zamer rijden?	• ¿Podría ir más rápido/más despacio?
	podriea ier mas rapiedo/mas despaSieo?
Kunt u een andere weg nemen?	• ¿Podría ir por otro camino?
	podriea ier por ootro kamieno?
Laat u me er hier maar uit	• Déjeme aquí
	dechemə aakie

U moet hier —	• Siga —
	siega —
— rechtdoor	• Siga todo recto
	siega todo rekto
— linksaf	• Tuerza a la izquierda
	toe-erSa aa la ieSkjerda
— rechtsaf	• Tuerza a la derecha
	toe-erSa aa la deretsja

Hier is het	• Es aquí
	es aakie
Kunt u een ogenblikje op mij wachten?	• Espéreme un momentito
	esperemə oen momentieto

7 Logeren en kamperen

7.1 Algemeen

Hotelaccommodatie: *hotels* zijn er in vijf categorieën, aangeduid met sterren.

Hotel-residencia (HR) kent dezelfde sterclassificaties als de hotels. Er is meestal geen restaurant, wel een ontbijtzaal.

Hostal (H) is eenvoudiger, tot drie sterren. Over het algemeen alleen logies (met ontbijt), soms is er ook een eetzaal.

Pensión (P) is een eenvoudig pension met weinig comfort.

Motel (M).

Parador de turismo is een door de staat beheerde hotelketen, met het comfort en de service van een modern luxueus hotel. Het is meestal gevestigd in een historisch gebouw (kasteel, klooster) in een prachtige omgeving.

Appartementen: vooral langs de kust is een groot aanbod van appartementen, zowel mét hotelfaciliteiten (HA = Hotel Apartamento of Apartotel) als zonder (RA = Residencia Apartamentos). Categorieën worden aangeduid met sleutels (1 t/m 4).

Jeugdherbergen zijn er niet zo veel in Spanje. Meestal is het aantal nachten dat je mag blijven beperkt.

Campings zijn vooral langs de kust talrijk en de meeste zijn het hele jaar door open. In het binnenland zijn er beduidend minder. Er zijn diverse categorieën. Vrij kamperen is toegestaan, behalve in de buurt van campings, stranden, rivieren en steden.

¿Cuánto tiempo piensa quedarse?	Hoe lang wilt u blijven?
Rellene este formulario, por favor	Wilt u dit formulier invullen a.u.b.?
¿Me permite su pasaporte?	Mag ik uw paspoort?
Tiene que pagar una fianza	U moet een borgsom betalen
Tiene que pagar por adelantado	U moet vooruit betalen

Mijn naam is … Ik heb een plaats gereserveerd (telefonisch/schriftelijk)	· Me llamo … He reservado una plaza (por teléfono/por carta) *mə ljamo … ee reserbado oena plaSa (por telefono/por karta)*
Wat kost het per nacht/ week/maand?	· ¿Cuánto sale por noche/semana/mes? *koeanto salə por notsjə/səmana/mes?*
We blijven minstens … nachten/weken	· Pensamos quedarnos al menos … noches/ semanas *pensamos kedarnos al menos … notsjəs/ səmanas*
We weten het nog niet precies	· Todavía no lo sabemos exactamente *todabiea no lo sabemos eksaktamentə*
Zijn huisdieren (honden/ katten) toegestaan?	· ¿Están permitidos los animales domésticos (perros/gatos)? *estan permietiedos los aaniemales domestiekos (perros/ĝatos?*
Hoe laat gaat het hek/de deur open/dicht?	· ¿A qué hora cierran/abren la verja/la puerta de entrada? *aa ke oora Sie-erran/aabren la bercha/la poe-erta də entrada?*
Wilt u een taxi voor me bellen?	· ¿Podría llamar un taxi? *podriea ljamar oen taksie?*
Is er post voor mij?	· ¿Hay carta para mí? *aj karta para mie?*

7.2 Kamperen

Puede elegir el sitio usted mismo	U mag zelf uw plaats uitzoeken
El sitio se lo asignamos nosotros	U krijgt een plaats toegewezen
Este es el número de su emplazamiento	Dit is uw plaatsnummer
Por favor pegue esto en el parabrisas del coche	Wilt u dit op uw auto plakken?
No pierda esta tarjeta	U mag dit kaartje niet verliezen

Waar is de beheerder?	· ¿Dónde está el encargado? *dondə esta el enkarchado?*

Kampeeruitrusting (de genummerde onderdelen zijn afgebeeld)

Nederlands	Español	
bagagepunt	el compartimento de equipajes	el konpartimentu de ekipajeak
blikopener	el abrelatas	el abrelatas
butagasfles	la bombona (de gas butano)	la bonbona (de gas boetano)
1 fiestas	la ciclobolsa	la Sieklobolsa
2 gasstel	el hornillo de gas	el ornijo de gas
3 grondzeil	la lona del suelo	la lona del sueelo
hamer	el martillo	el martijo
hangmat	la hamaca	la amaka
4 jerrycan	el bidón	el bidon
kampvuur	la fogata	la fogata
5 klapstoel	la silla plegable	la sieja plegable
6 koelbox	la nevera portátil/la bolsa nevera	la nevera portagil/la bolsa portagiella
koelelement	el acumulador	el akoemoelador
kompas	el compás	el kompas
kousje	la camisa	la kamiesa
kurketrekker	el sacacorchos	el sakakortsjos
7 luchtbed	el colchón neumáti-co	el koltsjon neoematieko
8 luchtbedstopje	el taponcito de la válvula del colchón	el taponSieto de la balboela del koltsjon
luchtpomp	la bomba neumática	la bomba ne-oematieko
9 luifel	el tejadillo	el techadiejo
10 matje	la esterilla	la esterieja
11 pan	la olla	la olja
12 pannegreep	el mango de la olla	el mango de la ojja
primus	el hornillo de kerosén	el ornijo de kerosen
rits	la cremallera	la kremaijera
13 rugzak	la mochila	la motsjiela
14 scheerlijn	el viento	el bjento
15 slaapzak	el saco de dormir	el sako de dormier
stormlamp	el farol de tormen-tas	el farol de tormentas
stretcher	el catre (de tijera)	el katre (de tiechera)
tafel	la mesa	la mesa
16 tent	la tienda	la tjenda
17 tentharing	la estaca	la estaka
18 tentstok	el palo de tienda	el palo de tjenda
thermosfles	el termo	el termo
19 veldfles	la cantimplora	la kantimplora
waskniper	la pinza	la pienSa
waslijn	la cuerda de tender ropa	la koeerda de tender ropa
windscherm	el paravientos/el paraván	el parabjentos/el parabjan
20 zaklantaarn	la linterna de bolsillo	la lienterna de bolsjijo
zakmes	la navaja	la nabacha

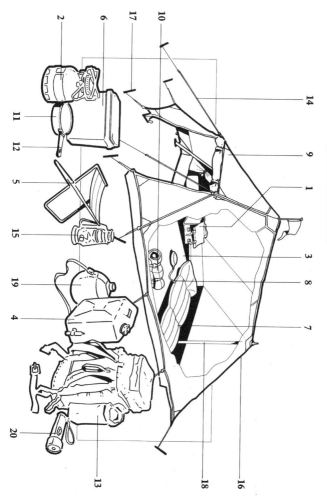

Mogen we hier kampe-ren?	• ¿Podemos acampar aquí? *podemos aakampar aakie?*
We zijn met ... personen en ... tenten	• Somos ... personas y ... tiendas *somos ... personas ie ... tie-endas*
Mogen we zelf een plaats uitzoeken?	• ¿Podemos elegir el sitio nosotros mismos? *podemos eelechier el sietieo nosotros miesmos?*
Heeft u een rustig plekje voor ons?	• ¿Nos podría dar un sitio tranquilo? *nos podriea dar oen sietieo trankielo?*
Heeft u geen andere plaats vrij?	• ¿No tiene otro sitio libre? *no tie-enə otro sietieo liebrə*
Er is hier te veel wind/zon/ schaduw	• Hay mucho viento/mucho sol/mucha sombra *aj moetsjo bjento/moetsjo sol/moetsja sombra*
Het is hier te druk	• Hay mucha gente *aj moetsja chentə*
De grond is te hard/ ongelijk	• El suelo es muy duro/muy desigual *el soe-elo es moej doero/moej desiegoeal*
Heeft u een horizontale plek voor de camper/ caravan/vouwwagen?	• ¿Tiene un sitio plano para el autocaravana/la caravana/el remolque-tienda? *tie-enə oen sietieo plano para el autokarabana/la karabana/el remolkə-tie-enda?*
Kunnen we bij elkaar staan?	• ¿Tiene dos plazas juntas? *tie-ene dos plaSas choentas?*
Mag de auto bij de tent geparkeerd worden?	• ¿Podemos aparcar el coche junto a la tienda? *podemos aaparkar el kotsjə choento aa la tie-enda?*
Wat kost het per persoon/ tent/caravan/auto?	• ¿Cuánto sale por persona/tienda/ caravana/coche? *koeanto salə por persona/tie-enda/ karabana/kotsjə?*
Zijn er —?	• ¿Hay —? *aj —?*
— douches met warm water	• ¿Hay duchas con agua caliente? *aj doetsjas kon aağoea kaljentə?*

| — wasmachines | • ¿Hay lavadoras? |
| | *aj labadoras?* |

Is er op het terrein een —?	• ¿En este camping hay —?
	en estə kampieng aj —?
— kinderspeelterrein	• ¿En este camping hay un sitio para que jueguen los niños?
	en estə kampieng aj oen sietieo para ke choe-egen los nienjos?
— overdekte kook- gelegenheid	• ¿En este camping hay un sitio cubierto para cocinar?
	en estə kampieng aj oen sietieo koebjerto para koSienar?

Kan ik hier een kluis huren?	• ¿Tienen caja fuerte para alquilar?
	tie-enen kacha foe-ertə para alkielar?
Mogen we hier barbe- cuen?	• ¿Se pueden hacer barbacoas?
	sə poe-eden aaSer barbakoas?
Zijn er elektriciteitsaan- sluitingen?	• ¿Hay tomas de corriente eléctrica?
	aj tomas də korrjentə elektrieka?
Is er drinkwater?	• ¿Hay agua potable?
	aj aagoea potablə?
Wanneer wordt het afval opgehaald?	• ¿Cuándo pasan a recoger la basura?
	koeando pasan aa rekocher la basoera?
Verkoopt u gasflessen (butagas/propaangas)?	• ¿Venden bombonas de gas (butano/ propano)?
	benden bombonas də gas (boetano/ propano)?

·

7.3 Hotel/pension/appartement/huisje

Heeft u een eenpersoons/ tweepersoons kamer vrij?	• ¿Le queda alguna habitación individual/ doble?
	lə keda algoena aabietaSieon iendiebiedoeal/doblə?
per persoon/per kamer	• por persona/por habitación
	por persona/por aabietaSieon
Is dat inclusief ontbijt/ lunch/diner?	• ¿Incluye desayuno/comida/cena?
	ienkloejə desajoeno/komieda/Sena?

Kunnen wij twee kamers naast elkaar krijgen?	• ¿Nos puede dar dos habitaciones una al lado de la otra? *nos poe-edə dar dos aabietaSieones oena al lado də la ootra?*
met/zonder eigen toilet/ bad/douche	• con/sin lavabo propio/baño propio/ducha propia *kon/sien lababo propjo/banjo propjo/doetsja propja*
(niet) aan de straatkant	• que (no) dé a la calle *ke (no) de aa la kajə*
met/zonder uitzicht op zee	• con/sin vista al mar *kon/sien biesta al mar*
Is er in het hotel —?	• ¿El hotel tiene —? *el ootel tie-enə —?*
— een lift	• ¿El hotel tiene ascensor? *el ootel tie-enə asSensor?*
— roomservice	• ¿El hotel tiene servicio de habitación? *el ootel tie-enə serbieSieo də aabietaSieon?*

Tiene lavabo y ducha en el mismo piso/en su habitación	Toilet en douche zijn op dezelfde verdieping/uw kamer
Por aquí, por favor	Deze kant op
Su habitación está en el ... piso, es la número ...	Uw kamer is op de ... etage, het nummer is ...

Mag ik de kamer zien?	• ¿Puedo ver la habitación? *poe-edo ber la aabietaSieon?*
Ik neem deze kamer	• Me quedo con esta habitación *mə kedo kon esta aabietaSieon*
Deze bevalt ons niet	• Esta no nos gusta *esta no nos ğoesta*
Heeft u een grotere/ goedkopere kamer?	• ¿Tiene una habitación más grande/más barata? *tie-enə oena aabietaSieon mas grandə/mas barata?*
Kunt u een kinderbedje bijplaatsen?	• ¿Puede agregar una camita para un niño? *poe-edə aağreğar oena kamieta para oen nienjo?*

Hoe laat is het ontbijt?	• ¿A qué hora es el desayuno?
	aa ke oora es el desajoeno?
Waar is de eetzaal?	• ¿Dónde está el comedor?
	dondə esta el komedor?
Kan ik het ontbijt op de kamer krijgen?	• ¿Me pueden traer el desayuno a la habitación?
	mə poe-eden traaer el desajoeno aa la aabietaSieon?
Waar is de nooduitgang/ brandtrap?	• ¿Dónde está la salida de emergencia/la escalera de incendios?
	dondə esta la salieda də eemerchenSiea/la eskalera də ienSendieos?
Waar kan ik mijn auto (veilig) parkeren?	• ¿Dónde hay un sitio (seguro) para aparcar el coche?
	dondə aj oen sietieo (seĝoero) para aaparkar el kotsjə?
De sleutel van kamer ... a.u.b.	• La llave de la habitación ..., por favor
	la ljabə də la aabietaSieon ..., por fabor
Mag ik dit in uw kluis leggen?	• ¿Podría dejar esto en la caja fuerte?
	podriea dechar esto en la kacha foe-ertə?
Wilt u mij morgen om ... uur wekken?	• ¿Me podría despertar mañana a las ...?
	mə podriea despertar manjana aa las ...?
Kunt u mij aan een baby-oppas helpen?	• ¿Me podría conseguir una canguro para el bebé?
	mə podriea konseĝier oena kangoero para el bebe?
Mag ik een extra deken? .	• ¿Tendría una manta extra?
	tendriea oena manta ekstra?
Op welke dagen wordt er schoongemaakt?	• ¿Qué días limpian la habitación?
	ke dieas liempjan la aabietaSieon?
Wanneer worden de lakens/handdoeken/ theedoeken verschoond?	• ¿Cuándo cambian las sábanas/las toallas/ los paños de cocina?
	koeando kambjan las sabanas/las tooajas/ los panjos də koSiena?

7.4 Klachten

Wij kunnen niet slapen door het lawaai	• No podemos dormir por el ruido
	no podemos dormier por el roe-iedo
Kan de radio iets zachter?	• ¿Podría bajar el volumen de la radio?
	podriea bachar el boloemen də la radieo?

Het toiletpapier is op	• Se ha acabado el papel higiénico
	sə aa aakabado el papel iechjenieko
Er zijn geen/niet genoeg ...	• No hay/no hay suficientes ...
	no aj/no aj soefieSie-entes ...
Het beddegoed is vuil	• La ropa de cama está sucia
	la ropa də kama esta soeSiea
De kamer is niet schoon-gemaakt	• No han limpiado la habitación
	no an liempjado la aabietaSieon
De keuken is niet schoon	• La cocina no está limpia
	la koSiena no esta liempja
De keukenspullen zijn vies	• Los utensilios de cocina están sucios
	los oetensiejos də koSiena estan soeSieos
De verwarming doet het niet	• La calefacción no funciona
	la kalefakSieon no foenSieona
Er is geen (warm) water/elektriciteit	• No hay agua (caliente)/electricidad
	no aj aagoea (kaljentə)/eelektrieSieda
... is kapot	• ... está estropeado
	... esta estropeeado
Kunt u dat in orde laten brengen?	• ¿Podrían mandar arreglarlo?
	podriean mandar arreglarlo?
Mag ik een andere kamer/plaats voor de tent?	• ¿Tendría otra habitación/sitio para la tienda?
	tendriea ootra aabietaSieon/sietieo para la tie-enda?
Het bed kraakt ontzettend	• La cama hace mucho ruido
	la kama aaSə moetsjo roe-iedo
Het bed zakt te veel door	• La cama es demasiado blanda
	la kama es demasieado blanda
Heeft u een plank voor onder de matras?	• ¿Tendría una tabla para poner debajo del colchón?
	tendriea oena tabla para poner debacho del koltsjon?
Er is te veel lawaai	• Hay mucho ruido
	aj moetsjo roe-iedo
We hebben last van ongedierte/insekten	• Hay muchos bichos/insectos
	aj moetsjos bietsjos/iensektos
Het stikt hier van de muggen	• Está lleno de mosquitos
	esta ljeno də moskietos
— kakkerlakken	• Está lleno de cucarachas
	esta ljeno də koekaratsjas

7.5 Vertrek

Zie ook 8.2 *Afrekenen.*

Ik vertrek morgen. Kan ik nu afrekenen?
• Mañana me voy. ¿Podría pagar la cuenta ahora?
manjana mə boj. podriea paĝar la koe-enta aaora?

Hoe laat moeten wij van ... af?
• ¿A qué hora tenemos que dejar ...?
aa ke oora tenemos ke dechar ...?

Mag ik mijn borgsom/ paspoort terug?
• ¿Me devuelve la fianza/el pasaporte?
mə deboe-elbe la fjanSa/el pasaportə?

We hebben erge haast
• Llevamos mucha prisa
ljebamos moetsja priesa

Kunt u mijn post door- sturen naar dit adres?
• ¿Podría enviarme la correspondencia a esta dirección?
podriea enbjarmə la korrespondenSiea aa esta dierekSieon?

Mogen onze koffers hier blijven staan totdat we vertrekken?
• ¿Podríamos dejar las maletas aquí hasta que nos marchemos?
podrieamos dechar las maletas aakie asta ke nos martsjemos?

Bedankt voor uw gastvrij- heid
• Muchas gracias por la hospitalidad
moetsjas ĝraSieas por la ospietalieda

8 Geldzaken

Banken zijn in de regel voor het publiek geopend van 9.00 – 14.00 uur, op zaterdag gewoonlijk tot 12.30 uur. Bij het wisselen van geld wordt meestal om een legitimatiebewijs gevraagd. Het opschrift *cambio* geeft aan dat u geld kunt wisselen. U kunt ook wisselen bij grote hotels, tegen een ongunstiger koers.

8.1 Bank

Waar is hier ergens een bank/een wisselkantoor?	• ¿Dónde hay un banco/una oficina de cambios por aquí? *dondə aj oen banko/oena oofieSiena də kambjos por aakie?*
Waar kan ik deze traveller cheque/girobetaalkaart inwisselen?	• ¿Dónde puedo cambiar este traveller-check/este cheque postal? *dondə poe-edo kambjar estə trabeler-tsjek/ estə tsjekə postal?*
Kan ik hier deze ... inwisselen?	• ¿Puedo cambiar aquí este ...? *poe-edo kambjar aakie estə ...?*
Kan ik hier met een creditcard geld op-nemen?	• ¿Se puede sacar dinero con una tarjeta de crédito? *sə poe-edə sakar dienero kon oena tarcheta də kredieto?*
Wat is het minimum/ maximum?	• ¿Cuál es el mínimo/el máximo? *koeal es el mieniemo/el maksiemo?*
Mag ik ook minder op-nemen?	• ¿También puedo sacar menos? *tambjen poe-edo sakar menos?*
Ik heb telegrafisch geld laten overmaken. Is dat al binnen?	• He pedido un giro telegráfico. ¿Me ha llegado ya? *ee pediedo oen chiero teleğrafieko. me aa ljeğado ja?*
Dit zijn de gegevens van mijn bank in Nederland/ België	• Estos son los datos de mi banco en Holanda/en Bélgica *estos son los datos də mie banko en oolanda/ en belchieka*
Dit is mijn banknummer/ gironummer	• Este es mi número de cuenta bancaria/de la caja postal *estə es mie noemero də koe-enta bankariea/ də la kacha postal*

Ik wil graag geld wisselen	· Quisiera cambiar dinero
	kiesie-era kambjar dienero
guldens tegen ...	· Florines holandeses por ...
	florienes oolandeses por ...
Belgische franken tegen ...	· Francos belgas por ...
	frankos belgas por ...
Hoeveel is de wissel-koers?	· ¿A cuánto está el cambio?
	aa koeanto esta el kambjo?
Kunt u me ook wat kleingeld geven?	· ¿Me podría dar dinero suelto?
	mə podriea dar dienero soe-elto?
Dit klopt niet	· Esto está mal
	esto esta mal

Firme aquí	U moet hier tekenen
Tiene que rellenar esto	U moet dit invullen
¿Me permite su pasaporte?	Mag ik uw paspoort zien?
¿Me permite su carnet de identidad?	Mag ik uw identiteitsbewijs zien?
¿Me permite su tarjeta de la caja postal?	Mag ik uw giropasje zien?
¿Me permite su tarjeta del banco?	Mag ik uw bankpasje zien?

GELDZAKEN

8.2 Afrekenen

Kunt u het op mijn reke-ning zetten?	· ¿Podría cargarlo a mi cuenta?
	podriea karĝarlo aa mie koe-enta?
Is de bediening (bij dit bedrag) inbegrepen?	· ¿Está incluido el servicio?
	esta ienkloe-iedo el serbieSieo?
Kan ik met — betalen?	· ¿Puedo pagar con —?
	poe-edo paĝar kon —?
— een creditcard	· ¿Puedo pagar con tarjeta de crédito?
	poe-edo paĝar kon tarcheta də kredieto?
— een reischeque	· ¿Puedo pagar con un cheque de viaje?
	poe-edo paĝar kon oen tsjekə də bjachə?
— vreemde valuta	· ¿Puedo pagar con moneda extranjera?
	poe-edo paĝar kon moneda ekstranchera?

U heeft me te veel/weinig (terug)gegeven	• Me ha dado (Me ha devuelto) de más/de menos *mə aa dado (mə aa deboe-elto) də mas/də menos*
Wilt u dit nog eens narekenen?	• ¿Puede volver a hacer la cuenta? *poe-edə bolber aa aaSer la koe-enta?*
Kunt u me een kwitantie/ de kassabon geven?	• ¿Podría darme un recibo/el tíquet? *podriea darmə oen reSiebo/el tieket?*
Ik heb niet genoeg geld bij me	• No me alcanza el dinero *no mə alkanSa el dienero*

No aceptamos tarjetas de crédito/cheques de viaje/ moneda extranjera	We nemen geen creditcards/reischeques/vreemde valuta aan

Alstublieft, dit is voor u	• Tenga, esto es para usted *tenĝa, esto es para oeste*
Houdt u het wisselgeld maar	• Quédese con la vuelta *kedəsə kon la boe-elta*

9.1 Post

Zie voor girozaken 8 *Geldzaken*.

In de grote steden zijn de postkantoren de hele dag open, maar voor het inwisselen van girobetaalkaarten kunt u alleen 's morgens terecht bij de loketten met het blauwe girovignet. Behalve in de zomermaanden zijn de grote postkantoren ook op zaterdagmorgen open. Ook in de kantoren van de *Caja postal* kunt u met girobetaalkaarten terecht.

Sellos (postzegels) zijn ook verkrijgbaar in de *estanco* (tabakswinkel). Aan de kust zijn in het hoogseizoen vaak hulppostkantoren op het strand.

De gele *buzón* (brievenbus) op straat is bestemd voor gewone post; de rode brievenbussen zijn voor exprespost.

giros postales	sellos
postwissels	postzegels
paquetes	**telegramas**
pakjes	telegrammen

Waar is —?	· ¿Dónde está —?
	dondə esta —?
— hier ergens een post-kantoor	· ¿Dónde hay una oficina de Correos por aquí?
	dondə aj oena oofieSiena də korreeos por aakie?
— het hoofdpostkantoor	· ¿Dónde está la oficina central de Correos?
	dondə esta la oofieSiena Sentral də korreeos?
— hier ergens een brie-venbus	· ¿Dónde hay un buzón por aquí?
	dondə aj oen boeSon por aakie?
Welk loket moet ik heb-ben voor —?	· ¿Cuál es la ventanilla para —?
	koeal es la bentanieja para —?
— faxen	· ¿Cuál es la ventanilla para enviar un fax?
	koeal es la bentanieja para enbjar oen faks?

PTT

— geld wisselen	• ¿Cuál es la ventanilla para cambiar dinero? *koeal es la bentanieja para kambjar dienero?*
— girocheques	• ¿Cuál es la ventanilla para los cheques postales? *koeal es la bentanieja para los tsjekes postales?*
— telegrafische giro-overmaking	• ¿Cuál es la ventanilla para los giros telegráficos? *koeal es la bentanieja para los chieros telegrafiekos?*
Poste restante	• Lista de correos *liesta də korreeos*
Is er post voor mij? Mijn naam is ...	• ¿Hay carta para mí? Me llamo ... *aj karta para mie? mə ljamo ...*

Postzegels

Hoeveel moet er op een ... naar ...?	• ¿Cuánto se le pone a un(a) ... para ...? *koeanto sə lə ponə aa oen(a) ... para ...?*
Zit er genoeg aan postzegels op?	• ¿Lleva suficiente franqueo? *ljeba soefieSie-entə frankeeo?*
Ik wil graag ... postzegels van ...	• Déme ... sellos de ... *demə ... sejos də ...*
Ik wil dit — versturen	• Quisiera enviar esto — *kiesie-era enbjar esto —*
— per expresse	• Quisiera enviar esto por correo urgente *kiesie-era enbjar esto por korreeo oerchentə*
— per luchtpost	• Quisiera enviar esto por avión *kiesie-era enbjar esto por aabjon*
— aangetekend	• Quisiera enviar esto certificado *kiesie-era enbjar esto Sertiefiekado*

Ik wil graag een telegram versturen naar ...	• Quisiera mandar un telegrama a ... *kiesie-era mandar oen telegrama aa ...*
Hoeveel kost het per woord?	• ¿Cuánto cuesta por palabra? *koeanto koe-esta por palabra*
Dit is de tekst die ik wil versturen	• Este es el texto que quiero enviar *esta es el teksto ke kjero enbjar*
Zal ik het formulier zelf invullen?	• ¿Relleno yo mismo el formulario? *rejeno jo miesmo el formoelarieo?*
Kan ik hier fotokopiëren/ faxen?	• ¿Se pueden hacer fotocopias/se puede enviar un fax aquí? *sə poe-edən aaSer fotokopjas/sə poe-edə enbjar oen faks aakie?*
Hoeveel kost het per pagina?	• ¿Cuánto cuesta por página? *koeanto koe-esta por pachiena?*

9.2 Telefoon

Zie ook 1.8 *Telefoonalfabet.*

Vanuit alle telefooncellen kunt u rechtstreeks naar Nederland of België bellen (07 – landennummer 31 of 32 – kengetal zonder nul – abonnee- nummer) met munten van 5, 10, 25, 50 en 100 peseta's. Ook kaartttele- fooncellen zijn in opkomst. U kunt ook bellen via een *locutorio* (telefoon- kantoor), waar u eerst belt en daarna afrekent.
Een gesprek *a cobro revertido* (op kosten van de ontvanger) moet via de telefoniste. U draait: 900990031 en aan de Nederlandse telefoniste geeft u het gewenste nummer op. Belt u naar iemand in Spanje, dan zal er in de regel niet worden opgenomen met het noemen van een naam, maar met een simpel ¿*sí?* (ja?) of ¡*dígame!* (zegt u het maar).

Is hier ergens een tele- fooncel in de buurt?	• ¿Hay alguna cabina telefónica por aquí? *aj alğoena kabiena telefonieka por aakie?*
Mag ik van uw telefoon gebruik maken?	• ¿Podría usar su teléfono? *podriea oesar soe telefono?*

PTT

Heeft u een telefoongids van de stad …/de streek …?	· ¿Tiene una guía de teléfonos de la ciudad/la provincia de …? *tie-ena oena ğiea da telefonos da la Sie-oeda/la probienSiea da …?*
Kunt u me helpen aan het —?	· ¿Me podría dar —? *ma podriea dar …?*
— nummer van informatie buitenland	· ¿Me podría dar el número de información internacional? *ma podriea dar el noemero da ienformaSieon ienternaSieonal?*
— nummer van kamer …	· ¿Me podría dar el número de la habitación …? *ma podriea dar el noemero da la aabietaSieon …?*
— internationale nummer	· ¿Me podría dar el indicativo internacional? *ma podriea dar el iendiekatiebo ienternaSieonal?*
— landnummer van …	· ¿Me podría dar el indicativo de …? *ma podriea dar el iendiekatiebo da …?*
— kengetal van …	· ¿Me podría dar el prefijo de …? *ma podriea dar el prefiecho da …?*
— abonneenummer van …	· ¿Me podría dar el número de abonado de …? *ma podriea dar el noemero da aabonado da …?*
Kunt u nagaan of dit nummer correct is?	· ¿Podría controlar si está bien este número? *podriea kontrolar sie esta bjen esta noemero?*
Kan ik automatisch bellen naar het buitenland?	· ¿Se puede llamar directamente al extranjero? *sa poe-eda ljamar dierektamenta al ekstranchero?*
Moet ik via de telefoniste bellen?	· ¿Hay que llamar por operadora? *aj ke ljamar por ooperadora?*
Moet ik eerst een nul draaien?	· ¿Hay que marcar primero el cero? *aj ke markar priemero el Sero?*
Moet ik een gesprek aanvragen?	· ¿Hay que pedir línea? *aj ke pedier lieneea?*

Wilt u het volgende nummer voor me bellen?	· ¿Podría usted llamar a este número? *podriea oeste ljamar aa este noemero?*
Kunt u me doorverbinden met .../toestel ...?	· ¿Me podría poner con .../con la extensión ...? *mə podriea poner kon .../kon la ekstensieon ...?*
Ik wil graag een collect call met ...	· Quisiera una llamada de cobro revertido a ... *kiesie-era oena ljamada də kobro rebertiedo aa ...?*
Wat kost het per minuut?	· ¿Cuánto cuesta por minuto? *koeanto koe-esta por minoeto?*
Heeft er iemand voor mij gebeld?	· ¿Ha habido alguna llamada para mí? *aa aabiedo algoena ljamada para mie?*

Het gesprek

Hallo, u spreekt met ...	· Buenos días, soy hablo con Victor *boe-enos dieas, soj ...*
Met wie spreek ik?	· ¿Con quién hablo? *kon kjen aablo?*
Spreek ik met ...?	· ¿Hablo con ...? *aablo kon ...?*
Sorry, ik heb het verkeerde nummer gedraaid	· Perdone, me he equivocado de número *perdonə, mə ee eekiebokado də noemero*
Ik kan u niet verstaan	· No le oigo bien *no lə ojgo bjen*
Ik wil graag spreken met ...	· Quisiera hablar con ... *kiesie-era aablar kon ...*
Is er iemand die Nederlands/Engels spreekt?	· ¿Hay alguien que hable holandés/inglés? *aj algjen ke aablə oolandes/iengles?*
Mag ik toestel ... van u?	· ¿Me pone con la extensión ...? *mə ponə kon la ekstensieon ...?*
Wilt u vragen of hij/zij me terugbelt?	· ¿Podría decirle que me llame? *podriea deSierlə ke mə ljamə?*
Mijn naam is ... Mijn nummer is ...	· Me llamo ... Mi número es ... *mə ljamo ... mie noemero es ...*
Wilt u zeggen dat ik gebeld heb?	· ¿Puede decirle que he llamado? *poe-edə deSierlə ke ee ljamado?*
Ik bel hem/haar morgen terug	· Le/la volveré a llamar mañana *lə/la bolbere aa ljamar manjana* alas seis

98

Le llaman por teléfono	Er is telefoon voor u
Primero tiene que marcar el cero	U moet eerst een nul draaien
Un momento, por favor	Heeft u een momentje?
No contestan	Ik krijg geen gehoor
Está comunicando	Het toestel is bezet
¿Quiere esperar?	Wilt u wachten?
Ahora le paso	Ik verbind u door
Se ha equivocado de número	U heeft een verkeerd nummer
El señor/la señora ... no está en estos momentos	Hij/zij is op het ogenblik niet aanwezig
El señor/la señora ... no estará hasta ...	Hij/zij is ... weer te bereiken
Este es el contestador automático de ...	Dit is het automatisch antwoordapparaat van ...

Openingstijden: maandag t/m vrijdag 9.00-13.00 en 16.30-19.00 uur, zaterdag meestal na 13.00 uur gesloten. Sommige winkels, vooral bakkers, zijn ook op zondagmorgen open.

almacén
warenhuis
antigüedades
antiek
artículos de deporte
sportzaak
artículos del hogar
huishoudelijke artikelen
artículos dietéticos
reformwinkel
artículos fotográficos
fotohandel
artículos usados
tweedehandswinkel
autoservicio
zelfbedieningszaak
bicicletas
fietsenwinkel
bodega
slijter
bricolaje
doe-het-zelf-zaak
calzados
schoenenwinkel
carnicería
slager
casa de música
muziekhandel
centro comercial
winkelcentrum
comestibles
kruidenier
comestibles finos
delicatessenzaak

confitería
kruidenier
decoración (de interiores)
woninginrichting
droguería
drogist
electrodomésticos
elektrische apparaten
estanco
sigarenwinkel
farmacia
apotheek
ferretería
ijzerhandel
floristería
bloemenzaak
frutas y verduras
groente en fruit
galería comercial
winkelgalerij
heladería
ijssalon
joyería
juwelier
juguetería
speelgoedzaak
lavandería
wasserij
lechería
zuivelprodukten
librería
boekhandel
mercadillo
rommelmarkt

mercado markt	**recuerdos de viaje** souvenirwinkel
mercería fourniturenzaak	**regalos** cadeau-artikelen
óptica opticien	**reparación de bicicletas** fietsenmaker
panadería bakker	**revistas y prensa** kranten en tijdschriften
papelería kantoorboekhandel	**salón de belleza** schoonheidssalon
pastelería banketbakker	**supermercado** supermarkt
peluquería (señoras, caballeros) kapper (dames, heren)	**tienda** winkel
perfumería parfumerie	**tienda de modas** kledingzaak
pescadería vishandel	**tintorería** stomerij
quiosco kiosk	**zapatería** schoenenwinkel, schoenmaker

10.1 Winkelgesprekken

In welke winkel kan ik … krijgen?	• ¿Dónde puedo conseguir …? *dondə poe-edo konseğier …?*
Wanneer is deze winkel open?	• ¿De qué hora a qué hora abren? *də ke oora aa ke oora aabren?*
Kunt u me de … afdeling wijzen?	• ¿Me podría indicar la sección de …? *mə podriea iendiekar la sekSieon də …?*
Kunt u me helpen? Ik zoek …	• ¿Podría ayudarme? Busco … *podriea aajoedarmə? boesko …*
Verkoopt u Nederlandse/ Belgische kranten?	• ¿Venden periódicos holandeses/ belgas? *benden perieodiekos oolandeses/belğas?*

¿Le atienden?	Wordt u al geholpen?

Nee. Ik had graag …	• No. Quisiera … *no. kiesie-era …*
Ik kijk wat rond, als dat mag	• Sólo estoy mirando, gracias *solo estoj mierando, graSieas*

¿Algo más?	Anders nog iets?

Ja, geeft u me ook nog …	• Sí, también déme … *sie, tambjen demə …*
Nee, dank u. Dat was het	• No, gracias. Es todo *no, graSieas. es todo*
Kunt u me … laten zien?	• ¿Me podría mostrar …? *mə podriea mostrar …?*
Ik wil liever …	• Prefiero … *prefjero …*
Dit is niet wat ik zoek	• No es lo que busco *no es lo ke boesko*
Dank u. Ik kijk nog even ergens anders	• Gracias. Voy a seguir mirando *graSieas. boj aa segier mierando*
Heeft u niet iets dat — is?	• ¿No tendría algo más —? *no tendriea algo mas —*
— goedkoper	• ¿No tendría algo más barato? *no tendriea algo mas barato?*
— kleiner	• ¿No tendría algo más pequeño? *no tendriea algo mas pekenjo?*
— groter	• ¿No tendría algo más grande? *no tendriea algo mas grandə?*
Deze neem ik	• Me llevo éste/ésta *mə ljebo estə/esta*
Zit er een gebruiksaanwijzing bij?	• ¿Viene con instrucciones? *bjenə kon ienstroekSieones?*
Ik vind het te duur	• Me parece muy caro *mə pareSə moej karo*
Ik bied u …	• Le doy … *lə doj …*
Wilt u die voor mij bewaren? Ik kom het straks ophalen	• ¿Me lo/la podría guardar? Volveré más tarde a buscarlo *mə lo/la podriea gardar? bolberé mas tardə aa boeskarlo*

WINKELS

Heeft u een tasje voor me?	• ¿Tendría una bolsita?
	tendriea oena bolsieta?
Kunt u het inpakken in cadeaupapier?	• ¿Me lo podría envolver para regalo?
	mə lo podriea enbolber para reĝalo?

Lo siento, no lo tenemos	Het spijt me, dat hebben we niet
Lo siento, ya no queda	Het spijt me, dat is uitverkocht
Lo siento, hasta el … no lo tendremos	Het spijt me, dat komt pas … weer binnen
Pague en la caja, por favor	U kunt aan de kassa afrekenen
No aceptamos tarjetas de crédito	We nemen geen creditcards aan
No aceptamos cheques de viaje	We nemen geen reischeques aan
No aceptamos moneda extranjera	We nemen geen vreemde valuta aan

10.2 Levensmiddelen

Ik wil graag een ons …	• Quisiera cien gramos de …
	kiesie-era Sie-en ĝramos də …
— pond …	• Quisiera medio kilo de …
	kiesie-era medieo kielo də …
— kilo …	• Quisiera un kilo de …
	kiesie-era oen kielo də …

Wilt u het voor me —?	• ¿Me lo podría —?
	mə lo podriea —?
— snijden in plakjes/ stukjes	• ¿Me lo podría cortar en lonchas/en trozos?
	mə lo podriea kortar en lontsjas/en troSos?
— raspen	• ¿Me lo podría rallar?
	me lo podriea rajar?

Kan ik het bestellen?	• ¿Se lo podría encargar?
	sə lo podriea enkarĝar?
Ik kom het morgen/om … uur ophalen	• Pasaré a buscarlo mañana/a las …
	pasare aa boeskarlo manjana/aa las …
Is dit om te eten/drinken?	• ¿Es para comer/beber?
	es para komer/beber?

| Wat zit erin? | • ¿Qué lleva dentro? |
| | *ke ljeba dentro?* |

10.3 Kleding en schoeisel

Ik heb in de etalage iets gezien. Zal ik het aan- wijzen?	• He visto algo en el escaparate. ¿Se lo enseño?
	ee biesto algo en el eskaparate. se lo ensenjo?
Ik wil graag iets dat hierbij past	• Busco algo que haga juego con esto
	boesko algo ke aaĝa choe-eĝo kon esto
Heeft u schoenen in dezelfde kleur als dit?	• ¿Tiene zapatos de este color?
	tie-ene Sapatos de este kolor?
Ik heb maat ... in Neder- land/België	• En Holanda/Bélgica tengo el número ...
	en oolanda/belchieka tengo el noemero ...
Mag ik dit passen?	• ¿Me lo podría probar?
	me lo podriea probar?
Waar is de paskamer?	• ¿Dónde está el probador?
	donde esta el probador?
Het past me niet	• No me vale
	no me baale
Dit is de goede maat	• Éste es mi número
	este es mie noemero
Het staat me niet	• No me está bien
	no me estaa bjen
Heeft u deze ook in het ...	• ¿Tiene éste/ésta pero en ...?
	tie-ene este/esta pero en ...?
Ik vind de hak te hoog/ laag	• El tacón me parece muy alto/bajo
	el takon me pareSe moej alto/bacho
Is/zijn dit/deze echt leer?	• ¿Es/son de piel auténtica?
	es/son de pjel autentieka?
Ik zoek een ... voor een baby/kind van ... jaar	• Busco un/una ... para un bebé/niño de ... años
	boesko oen/oena ... para oen bebe/nienjo de ... anjos
Ik had graag een ... van —	• Quisiera un/una ... de —
	kiesie-era oen/oena ... de —
— zijde	• Quisiera un/una ... de seda
	kiesie-era oen/oena ... de seda

WINKELS

— katoen	• Quisiera un/una … de algodón
	kiesie-era oen/oena … də alĝodon
— wol	• Quisiera un/una … de lana
	kiesie-era oen/oena … də lana
— linnen	• Quisiera un/una … de lino
	kiesie-era oen/oena … də lieno

Op welke temperatuur kan ik het wassen?	• ¿A qué temperatura lo puedo lavar?
	aa ke temperatoera lo poe-edo labar?
Krimpt het in de was?	• ¿Encoge al lavarlo?
	enkochə al labarlo?

Colgar mojado	Lavado en seco
Nat ophangen	Chemisch reinigen
Lavado a mano	**No centrifugar**
Handwas	Niet centrifugeren
Lavado a máquina	**No planchar**
Machinewas	Niet strijken

Schoenreparaties

Kunt u deze schoenen repareren?	• ¿Podría arreglar estos zapatos?
	podriea arreĝlar estos Sapatos?
Kunt u hier nieuwe zolen/ hakken onder zetten?	• ¿Podría ponerle nuevas suelas/nuevos tacones?
	podriea ponerlə noe-ebas soe-elas/noe-ebos takones?
Wanneer zijn ze klaar?	• ¿Para cuándo van a estar?
	para koeando ban aa estar?

Ik wil graag —	• Quisiera —
	kiesie-era —
— een doosje schoen- smeer	• Quisiera una crema para zapatos
	kiesie-era oena krema para Sapatos
— een paar veters	• Quisiera un par de cordones
	kiesie-era oen par də kordones

Ik wil graag een film- rolletje voor dit toestel	· Quisiera un rollo para esta cámara *kiesie-era oen rojo para esta kamara*
— cassette	· Quisiera una película en cassette *kiesie-era oena peliekoela en kasset*
— 126-cassette	· Quisiera una película en cassette de 126 *kiesie-era oena peliekoela en kasset də Sie-ento beintiseis*
— diafilm	· Quisiera una película para diapositivas *kiesie-era oena peliekoela para diapositiebas*
— filmcassette	· Quisiera una película para filmar *kiesie-era oena peliekoela para fielmar*
— videoband	· Quisiera una cinta de vídeo *kiesie-era oena Sienta də biedeeo*
kleur/zwart-wit	· color/blanco y negro *kolor/blanko ie negro*
super 8	· superocho *soeperotsjo*
12/24/36 opnamen	· doce/veinticuatro/treinta y seis fotos *doSe/beintiekoeatro/treinta ie seis fotos*
ISO getal	· valor ISO *balor aasa/dien*
daglichtfilm	· película para luz natural *peliekoela para loeS natoeral*
kunstlichtfilm	· película para luz artificial *peliekoela para loeS artiefieSieal*

Problemen

Wilt u de film in het toestel doen?	· ¿Me podría poner el rollo en la cámara? *Mə podriea poner el rojo en la kamara?*
Wilt u de film uit de camera halen?	· ¿Me podría sacar el rollo de la cámara? *me podriea sakar el rojo də la kamara?*
Moet ik de batterijen vervangen?	· ¿Tengo que cambiar las pilas? *tengo ke kambjar las pielas?*

WINKELS

Wilt u naar mijn camera kijken? Hij doet het niet meer	• ¿Me podría revisar la cámara? Ya no funciona *Mə podriea rebiesar la kamara? ja no foenSieona*
De ... is kapot	• Está estropeado el ... *esta estropeeado el ...*
De film zit vast	• Se ha atascado el rollo *sə aa aataskado el rojo*
De film is gebroken	• Se ha roto el rollo *sə aa roto el rojo*
De flitser doet het niet	• No funciona el flash *no foenSieona el flasj*

Ontwikkelen en afdrukken

Ik wil deze film laten ontwikkelen/afdrukken	• Quisiera mandar revelar/copiar este rollo *kiesie-era mandar rebelar/kopjar estə rojo*
Ik wil graag ... afdrukken van elk negatief glanzend/mat	• Quisiera ... copias de cada negativo *kiesie-era ... kopjas də kada neğatiebo* • brillante/mate *briejantə/matə*
6 x 9 (zes bij negen)	• seis por nueve *seis por noe-ebə*
Ik wil deze foto's bijbe-stellen	• Quisiera encargar más copias de estas fotos *kiesie-era enkarğar mas kopjas də estas fotos*
Ik wil deze foto laten vergroten	• Quisiera una ampliación de esta foto *kiesie-era oena amplieaSieon də esta foto*
Hoeveel kost het ont-wikkelen?	• ¿Cuánto sale el revelado? *koeanto salə el rebelado?*
— het afdrukken	• ¿Cuánto sale el copiado? *koeanto salə el kopjado?*
— de bijbestelling	• ¿Cuánto salen las copias adicionales? *koeanto salen las kopjas aadieSieonales?*
— de vergroting	• ¿Cuánto sale la ampliación? *koeanto salə la amplieaSieon?*
Wanneer zijn ze klaar?	• ¿Para cuándo van a estar? *para koeando ban aa estar?*

Moet ik een afspraak maken?	• ¿Tengo que pedir hora? *tengo ke pedier oora?*
Kunt u me direct helpen?	• ¿Podría atenderme en seguida? *podriea aatendermə en seğieda?*
Hoelang moet ik wachten?	• ¿Cuánto tengo que esperar? *koeanto tengo ke esperar?*
Ik wil mijn haar laten wassen/knippen	• Quisiera lavarme/cortarme el pelo *kiesie-era labarmə/kortarmə el pelo*
Ik wil graag een shampoo tegen vet/droog haar	• Quisiera un champú para cabello graso/seco *kiesie-era oen tsjampoe para kabejo ğraso/seko*
— tegen roos	• Quisiera un champú anticaspa *kiesie-era oen tsjampoe antiekaspa*
— voor gepermanent/geverfd haar	• Quisiera un champú para cabello con permanente/teñido *kiesie-era oen tsjampoe para kabejo kon permanentə/tenjiedo*
— een kleurshampoo	• Quisiera un champú color *kiesie-era oen tsjampoe kolor*
— een shampoo met een conditioner	• Quisiera un champú con acondicionador *kiesie-era oen tsjampoe kon aakondieSieonador*
— coupe soleil	• Quisiera que me hagan claritos *kiesie-era ke mə aağan klarietos*
Heeft u een kleurenkaart a.u.b.?	• ¿Tendría una carta de colores? *tendriea oena karta də kolores?*
Ik wil dezelfde kleur houden	• Quiero conservar el mismo color *kjero konserbar el miesmo kolor*
Ik wil het donkerder/lichter	• Quisiera un color más oscuro/más claro *kiesie-era oen kolor mas oskoero/mas klaro*
Ik wil (geen) versteviger in mijn haar	• (No) quiero fijador *(no) kjero fiechador*
— gel	• (No) quiero gel *(no) kjero chel*

— lotion	· (No) quiero loción
	(no) kjero loSieon
Ik wil mijn pony kort	· Quisiera el flequillo corto
	kiesie-era el flekiejo korto
— het van achteren niet te kort	· No lo quisiera demasiado corto por detrás
	no lo kiesie-era demasieado korto por detras
— het hier niet te lang	· No lo quisiera demasiado largo aquí
	no lo kiesie-era demasieado largo aakie
— (niet te veel) krullen	· (No) quisiera (demasiados) rizos
	(no) kiesie-era (demasieados) rieSos
Er moet een klein stukje/ flink stuk af	· Hay que cortar sólo un trocito/un buen trozo
	aj ke kortar solo oen troSieto/oen boe-en troSo
Ik wil een heel ander model	· Quisiera un modelo totalmente diferente
	kiesie-era oen modelo totalmentə dieferentə
Ik wil mijn haar zoals —	· Quisiera el pelo como —
	kiesie-era el pelo komo —
— die mevrouw	· Quisiera el pelo como esa señora
	kiesie-era el pelo komo esa senjora
— op deze foto	· Quisiera el pelo como en esta foto
	kiesie-era el pelo komo en esta foto
Kunt u de kap hoger/lager zetten?	· ¿Podría poner el casco más alto/bajo?
	podriea poner el kasko mas alto/bacho?
Ik wil graag een gezichts- masker	· Quisiera una máscara facial
	kiesie-era oena maskara faSieal
— een manicure	· Quisiera que me hagan manicura
	kiesie-era ke mə aagan maniekoera
— een massage	· Quisiera que me hagan masaje
	kiesie-era ke mə aagan masachə

¿Cómo quiere el corte de pelo?	Hoe wilt u uw haar geknipt hebben?
¿Qué modelo deseaba?	Welk model heeft u op het oog?
¿Qué color quiere?	Welke kleur moet het worden?

¿Esta temperatura le va bien?   Is dit de goede temperatuur?
¿Quiere algo para leer?   Wilt u iets te lezen hebben?
¿Quiere algo para beber?   Wilt u iets drinken?
¿Así está bien?   Is het zo naar uw zin?

Wilt u mijn — bijknippen?	· ¿Me podría recortar el/la —?
	mə podriea rekortar el/la —?
— pony	· ¿Me podría recortar el flequillo?
	mə podriea rekortar el flekiejo?
— baard	· ¿Me podría recortar la barba?
	mə podriea rekortar la barba?
— snor	· ¿Me podría recortar el bigote?
	mə podriea rekortar el bieĝotə?
Scheren a.u.b.	· Aféiteme, por favor
	aafeitəmə, por fabor
Ik wil met een mesje geschoren worden	· Aféiteme a navaja, por favor
	aafeitəmə aa nabacha, por fabor

11 Informeren bij de VVV

11.1 Bezienswaardigheden

Waar is het VVV-kantoor?	· ¿Dónde está la oficina de turismo? *dondə esta la oofieSiena də toeriesmo?*
Heeft u een plattegrond van de stad?	· ¿Tendría un plano de la ciudad? *tendriea oen plano də la Sie-oeda?*
Kunt u mij informatie geven over ...	· ¿Me podría dar información sobre ...? *mə podriea dar ienformaSieon sobrə ...?*
Hoeveel moeten we u hiervoor betalen?	· ¿Cuánto le debemos por esto? *koeanto lə debemos por esto?*
Wat zijn de belangrijkste bezienswaardigheden?	· ¿Cuáles son los sitios más interesantes para visitar? *koeales son los sietieos mas ienteresantes para biesietar?*
Kunt u die aanwijzen op de kaart?	· ¿Me los podría señalar en el plano? *mə los podriea senjalar en el plano?*
Wat raadt u ons aan?	· ¿Qué nos recomienda? *ke nos rekomjenda?*
We blijven hier een paar uur	· Pensamos quedarnos unas horas *pensamos kedarnos oenas ooras*
— een dag	· Pensamos quedarnos un día *pensamos kedarnos oen diea*
— een week	· Pensamos quedarnos una semana *pensamos kedarnos oena semana*
We zijn geïnteresseerd in ...	· Nos interesa ... *nos ienteresa ...*
Kunnen we een stadswandeling maken?	· ¿Hay algún circuito turístico para visitar la ciudad a pie? *aj algoen Sierkoe-ieto toeriestieko para biesietar la Sie-oeda aa pjee?*
Hoelang duurt die?	· ¿Cuánto dura? *koeanto doera?*
Waar is het startpunt/ eindpunt?	· ¿De dónde sale?/¿Dónde termina? *də dondə salə?/dondə termiena?*
Zijn er hier rondvaartboten?	· ¿Hay excursiones en barco? *aj ekskoersieones en barko?*

Waar kunnen we aan boord gaan?	• ¿Dónde se puede embarcar? *dondə sə poe-edə embarkar?*
Zijn er rondritten per bus?	• ¿Hay excursiones en autocar? *aj ekskoersieones en autokar*
Waar moeten we opstappen?	• ¿De dónde salen? *də dondə salen?*
Is er een gids die Engels spreekt?	• ¿Hay algún guía que hable inglés? *aj algoen giea ke aablə iengles?*
Welke uitstapjes kan men in de omgeving maken?	• ¿Qué excursiones se pueden hacer en los alrededores? *ke ekskoersieones sə poe-eden aaSer en los alrededores?*
Zijn er excursies?	• ¿Hay excursiones organizadas? *aj ekskoersieones organieSadas?*
Waar gaan die naar toe?	• ¿Hacia dónde van? *aaSiea dondə ban?*
We willen naar ...	• Quisiéramos ir a ... *kiesie-eramos ier aa ...*
Hoelang duurt die tocht?	• ¿Cuánto se tarda en llegar? *koeanto sə tarda en ljegar?*
Hoelang blijven we in ...?	• ¿Cuánto dura la visita a ...? *koeanto doera la biesieta aa ...?*
Zijn er rondleidingen?	• ¿Hay visitas guiadas? *aj biesietas gieadas?*
Hoeveel tijd hebben we daar voor onszelf?	• ¿Cuánto tiempo libre tenemos allí? *koeanto tie-empo liebrə tenemos ajie?*
We willen een trektocht maken	• Nos gustaría hacer una excursión con etapas *nos goestariea aaSer oena eskoersieon kon eetapas*
Kunnen we een gids huren?	• ¿Es posible alquilar un guía? *es posieblə alkielar oen giea?*
Kan ik berghutten reserveren?	• ¿Se puede hacer una reserva para un refugio (en la montaña)? *sə poe-edə aaSer oena reserba para oen refoechjo (en la montanja)?*
Hoe laat gaat ... open/ dicht?	• ¿A qué hora abre/cierra ...? *aa ke oora aabrə/Sie-erra ...?*
Op welke dagen is ... geopend/gesloten?	• ¿Qué días tiene abierto/cerrado ...? *ke dieas tie-enə aabjerto/Serrado ...?*
Hoeveel is de toegangsprijs?	• ¿Cuánto sale la entrada? *koeanto salə la entrada?*

INFORMEREN BIJ DE VVV

Is er reductie voor groe-pen?
- · ¿Hay descuento para grupos?
- *aj deskoe-ento para groepos?*

— kinderen
- · ¿Hay descuento para niños?
- *aj deskoe-ento para nienjos?*

— 65⁺
- · ¿Hay descuento para jubilados?
- *aj deskoe-ento para choebielados?*

Mag ik hier fotograferen (met flits)/filmen
- · ¿Se puede sacar fotos (con flash)/filmar?
- *sə poe-edə sakar fotos (kon flasj)/fielmar?*

Verkoopt u ansicht-kaarten met ... erop?
- · ¿Venden postales de ...?
- *benden postales də ...?*

Heeft u een — in het Nederlands?
- · ¿Tiene un — en neerlandés (holandés)?
- *tie-enə oen — en neerlandes (oolandes)?*

— catalogus
- · ¿Tiene un catálogo en neerlandés?
- *tie-enə oen katalogo en neerlandes?*

— programma
- · ¿Tiene un programa en neerlandés?
- *tie-enə oen prograngma en neerlandes?*

— brochure
- · ¿Tiene un folleto en neerlandés (holandés)/alemán/francés/inglés?
- *tie-enə oen fojeto en neerlandes (oolandes)/aalemang/franSes/iengles?*

11.2 Uitgaan

In Spaanse theaters wordt u meestal naar uw stoel begeleid door een ouvreuse, van wie u ook een programma krijgt. Een fooi is in dat geval gebruikelijk.
De meeste films zijn *doblada* (nagesynchroniseerd). Als er ondertiteld is, wordt dat speciaal aangegeven als *versión original (V.O.)*.

Heeft u de uitgaanskrant van deze week/deze maand?
- · ¿Tiene la guía de los espectáculos de esta semana/este mes?
- *tie-enə la gieja də los espektakoelos də esta semana/estə mes?*

Wat is er vanavond te doen?
- · ¿Adónde podríamos ir esta noche?
- *aadondə podrieamos ier esta notsjə?*

We willen naar ...
- · Nos gustaría ir a ...
- *nos goestariea ier aa ...*

Welke films draaien er?
- · ¿Qué películas dan?
- *ke peliekoelas dan?*

Wat voor een film is dat?	• ¿Qué clase de película es?
	ke klasə də peliekoela es?
alle leeftijden	• para todos los públicos
	para todos los poebliekos
boven de 12/16 jaar	• prohibido para menores de 12/16 años
	proo-iebiedo para menores də doSə/,
	die-eSieseis anjos
originele versie	• versión original
	bersieon ooriechienal
met ondertitels	• subtitulada
	soeptietoelada
nagesynchroniseerd	• doblada
	doblada
Is het een doorlopende voorstelling?	• ¿Es sesión continua?
	es sesieon kontienoea?
Wat is er te doen in —?	• ¿Qué dan en —?
	ke dan en —?
— het theater	• ¿Qué dan en el teatro?
	ke dan en el teeatro?
— het concertgebouw	• ¿Qué dan en la sala de conciertos?
	ke dan en la sala də konSie-ertos?
— de opera	• ¿Qué dan en la ópera?
	ke dan en la oopera?
Waar is hier een goede disco?	• ¿Dónde hay una buena discoteca por aquí?
	dondə aj oena boe-ena dieskotęka por aakie?
Is lidmaatschap vereist?	• ¿Hay que ser socio?
	ak je ser soSieo?
Waar is hier een goede nachtclub?	• ¿Dónde hay un buen cabaret por aquí?
	dondə aj oen boe-en kabaret por aakie?
Is avondkleding ver- plicht?	• ¿Hay que ir en traje de etiqueta?
	aj ke ier en trachə də eetiekęta?
— gewenst	• ¿Es recomendable ir en traje de etiqueta?
	es rekomendablə ier en trachə də eetiekęta?
Hoe laat begint de show?	• ¿A qué hora comienza el espectáculo?
	aa ke oora komjenSa el espektakoelo?

Wanneer is de eerstvolgende voetbalwedstrijd?	• ¿Cuándo es el próximo partido de fútbol? *koeando es el proksiemo partiedo də foetbol?*
Wie spelen er tegen elkaar?	• ¿Quiénes juegan? *kjenes choe-eğan?*
Ik wil voor vanavond een escort-guide. Kunt u dat voor me regelen?	• Quisiera contratar un servicio de relax para esta noche. ¿Podría hacerme una reserva? *kiesie-era contratar oen serbieSieo də relaks para esta notsjə. poodriea aaSermə oena reserba?*

11.3 Kaartjes reserveren

Kunt u voor ons reserveren?	• ¿Podría hacernos una reserva? *podriea aaSernos oena reserba?*
We willen ... plaatsen/een tafeltje —	• Quisiéramos ... entradas/una mesa — *kiesie-eramos ... entradas/oena mesa —*
— in de zaal	• Quisiéramos ... entradas/una mesa en la platea *kiesie-eramos ... entradas/oena mesa en la plateea*
— op het balkon	• Quisiéramos ... entradas/una mesa en el palco *kiesie-eramos ... entradas/oena mesa en el palko*
— in de loge	• Quisiéramos ... entradas/una mesa en el palco privado *kiesie-eramos ... entradas/oena mesa en el palko prievado*
— vooraan	• Quisiéramos ... entradas/una mesa adelante *kiesie-eramos ... entradas/oena mesa aadelantə*
— in het midden	• Quisiéramos ... entradas/una mesa al centro *kiesie-eramos ... entradas/oena mesa al Sentro*

— achteraan	• Quisiéramos … entradas/una mesa atrás *kiesie-eramos … entradas/oena mesa atras*	115
Kan ik … plaatsen voor de voorstelling van … uur reserveren?	• ¿Podría reservar … entradas para la función de las …? *podriea reserbar … entradas para la foenSieon de las …?*	
Zijn er nog kaartjes voor vanavond?	• ¿Quedan entradas para esta noche? *kedan entradas para esta notsjə?*	
Hoeveel kost een kaartje?	• ¿Cuánto sale la entrada? *koeanto salə la entrada?*	
Wanneer kan ik de kaartjes ophalen?	• ¿Cuándo puedo pasar a retirar las entradas? *koeando poe-edo pasar aa retierar las entradas?*	
Ik heb gereserveerd	• Tengo una reserva *tengo oena reserba*	
Mijn naam is …	• Me llamo … *mə ljamo …*	

¿Para qué función desea reservar?	Voor welke voorstelling wilt u reserveren?
¿Qué sector prefiere?	Waar wilt u zitten?
No hay billetes	Alles is uitverkocht
Sólo quedan entradas de pie	Er zijn alleen nog staanplaatsen
Sólo quedan entradas en el palco	Er zijn alleen nog plaatsen op het balkon
Sólo quedan entradas en la galería	Er zijn alleen nog plaatsen op het schellinkje
Sólo quedan entradas en la platea	Er zijn alleen nog plaatsen in de zaal
Sólo quedan entradas adelante	Er zijn alleen nog plaatsen vooraan
Sólo quedan entradas atrás	Er zijn alleen nog plaatsen achteraan
¿Cuántas entradas quiere?	Hoeveel plaatsen wilt u?
Tiene que retirar las entradas antes de las …	U moet de kaartjes vóór … uur ophalen
¿Me permite las entradas?	Mag ik uw plaatsbewijzen zien?
Este es su asiento	Dit is uw plaats

12.1 Sportieve vragen

Waar kunnen we hier ...?	• ¿Dónde se puede ...? *dondə sə poe-ędə ...?*
Is er hier een ... in de buurt?	• ¿Hay algún ... por aquí cerca? *aj algǫen ... por aakię Sęrka?*
Kan ik hier een ... huren?	• ¿Alquilan ...? *alkięlan ...?*
Kan ik les nemen in ...?	• ¿Dan clases de ...? *dan klạses də ...?*
Hoeveel kost dat per uur/ dag/keer?	• ¿Cuánto sale por hora/día/clase? *koeạnto sạlə por ǫora/dịea/klạsə?*
Heb je daarvoor een vergunning nodig?	• ¿Se necesita un permiso? *sə neSesięta oen permięso?*
Waar kan ik die ver- gunning krijgen?	• ¿Dónde se consiguen los permisos? *dondə sə konsięĝen los permięsos?*

12.2 Aan het water

Is het nog ver (lopen) naar zee?	• ¿Falta mucho para llegar al mar? *fạlta mǫetsjo pạra ljeĝạr al mar?*
Is er hier ook een — in de buurt?	• ¿Hay algún — por aquí? *aj algǫen — por aakię?*
— zwembad	• ¿Hay alguna piscina por aquí? *aj algǫena piesSięna por aakię?*
— zandstrand	• ¿Hay alguna playa de arena por aquí? *aj algǫena plạja də arẹna por aakię?*
— naaktstrand	• ¿Hay alguna playa nudista por aquí? *aj algǫena plạja noedięsta por aakię?*
— aanlegplaats voor boten	• ¿Hay algún atracadero por aquí? *aj algǫen aatrakadẹro por aakię?*
Zijn er hier ook rotsen?	• ¿Hay rocas? *aj rǫkas?*
Wanneer is het vloed/eb?	• ¿Cuándo sube/baja la marea? *koeạndo soebə/bạcha la marẹea?*

Wat is de temperatuur van het water?	• ¿Qué temperatura tiene el agua? *ke temperatoera tie-enə el aaĝoea?*	117
Is het hier (erg) diep?	• ¿Es (muy) profundo? *es (moej) profoendo?*	
Kan je hier staan?	• ¿Se puede hacer pie? *sə poe-edə aaSer pje?*	
Is het hier veilig zwemmen (voor kinderen)?	• ¿Es seguro para nadar (para los niños)? *es seĝoero para nadar (para los nienjos)?*	
Zijn er stromingen?	• ¿Hay corriente? *aj korrjentə?*	
Heeft deze rivier stroomversnellingen/watervallen?	• ¿Este río tiene rápidos/cascadas? *estə rieo tie-enə rapiedos/kaskadas?*	
Wat betekent die vlag/boei daar?	• ¿Qué significa aquella bandera/boya? *ke sieĝniefieka aakeja bandera/boja?*	
Is er hier een badmeester die een oogje in het zeil houdt?	• ¿Hay algún bañista que vigile? *aj alĝoen banjiesta ke biechielə?*	
Mogen hier honden komen?	• ¿Está permitido traer perros? *esta permietiedo traaer perros?*	
Mag je hier kamperen op het strand?	• ¿Está permitido acampar en la playa? *esta permietiedo aakampar en la plaja?*	
Mag je hier een vuurtje stoken?	• ¿Está permitido hacer fuego? *esta permietiedo aaSer foe-eĝo?*	

Aguas de pesca Viswater	**Prohibido bañarse** Verboden te zwemmen
Peligro Gevaar	**Prohibido hacer surfing** Verboden te surfen
Permiso obligatorio Alleen met vergunning	**Prohibido pescar** Verboden te vissen

12.3 In de sneeuw

Kan ik hier skiles nemen?	• ¿Dan clases de esquí? *dan klases də eskie?*
voor beginners/(half-)gevorderden	• para principiantes/(semi-)avanzados *para prienSiepjantes/(semie-)aabanSados*
Hoe groot zijn de groepen?	• ¿De cuántas personas son los grupos? *də koeantas personas son los ĝroepos?*

In welke taal wordt er les gegeven?	• ¿En qué idioma son las clases? *en ke iedie__o__ma son las kl__a__ses?*
Ik wil graag een ski(lift) pas	• Quisiera un pase para las telesillas *kiesie-__e__ra oen pas__ə__ p__a__ra las telesi__e__jas*
Moet ik een pasfoto inleveren?	• ¿Se necesita foto? *s__ə__ neSesi__e__ta f__o__to?*
Waar kan ik een pasfoto laten maken?	• ¿Dónde puedo sacarme fotos? *d__o__nd__ə__ poe-__e__do sak__a__rm__ə__ f__o__tos?*
Waar zijn de skipistes voor beginners?	• ¿Dónde están las pistas para principiantes? *d__o__nd__ə__ est__a__n las pi__e__stas p__a__ra prienSiepj__a__ntes?*
Zijn er langlaufloipes in de buurt?	• ¿Hay pistas de esquí de fondo por aquí? *aj pi__e__stas d__ə__ eski__e__ d__ə__ f__o__ndo por aaki__e__?*
Zijn de langlaufloipes aangegeven?	• ¿Las pistas de esquí de fondo están señalizadas? *las pi__e__stas d__ə__ eski__e__ d__ə__ f__o__ndo est__a__n senjalieS__a__das?*
Zijn de — open?	• ¿Están abiertos los —? *est__a__n aabi__e__rtos los —?*
— skiliften	• ¿Ya funcionan los telesquís? *ja foenSie__o__nan los teleski__e__s?*
— stoeltjesliften	• ¿Ya funcionan las telesillas? *ja foenSie__o__nan las telesi__e__jas?*
— pistes	• ¿Están abiertas las pistas? *est__a__n aabj__e__rtas las pi__e__stas?*
— loipes	• ¿Están abiertas las pistas de esquí de fondo? *est__a__n aabj__e__rtas las pi__e__stas d__ə__ eski__e__ d__ə__ f__o__ndo?*

13.1 De dokter (laten) roepen

Wilt u a.u.b. snel een dokter bellen/halen?
· ¿Podría llamar/ir a buscar rápido a un médico, por favor?
podriea ljamar/ier aa boeskar rapiedo aa oen medieko, por fabor?

Wanneer heeft de dokter spreekuur?
· ¿Cuándo tiene consulta el médico?
koeando tie-ena konsoelta el medieko?

Wanneer kan de dokter komen?
· ¿Cuándo puede venir el médico?
koeando poe-eda benier el medieko?

Kunt u voor mij een afspraak bij de dokter maken?
· ¿Podría pedirme hora con el médico?
podriea pedierma oora kon el medieko?

Ik heb een afspraak met de dokter om ... uur
· Tengo hora con el médico para las ...
tengo oora kon el medieko para las ...

Welke dokter/apotheek heeft nachtdienst/week-enddienst?
· ¿Qué médico/farmacia está de guardia esta noche/este fin de semana?
ke medieko/farmaSiea esta de goeardiea esta notsja/esta fien da semana?

13.2 Klachten van de patiënt

Ik voel me niet goed
· No me siento bien
no ma sie-ento bjen

Ik ben duizelig
· Tengo mareos
tengo mareeos

— ziek
· Estoy enfermo
estoj enfermo

— misselijk
· Tengo náuseas
tengo naoeseeas

— verkouden
· Estoy constipado
estoj konstiepado

Ik heb hier pijn
· Me duele aquí
ma doe-eela aakie

Ik heb overgegeven	· He devuelto/vomitado *ee deboe-elto/bomietado*
Ik heb last van ...	· Tengo molestias de ... *tengo molestieas də ...*
Ik heb ... graden koorts	· Tengo ... grados de fiebre *tengo ... grados də fjebrə*
Ik ben gestoken door een wesp	· Me ha picado una avispa *mə aa piekado oena aabiespa*
— insekt	· Me ha picado un insecto *mə aa piekado oen iensekto*
Ik ben gebeten door een hond	· Me ha mordido un perro *mə aa mordiedo oen perro*
— kwal	· Me ha picado una medusa *mə aa piekado oena medoesa*
— slang	· Me ha mordido una serpiente *mə aa mordiedo oena serpjentə*
— beest	· Me ha picado un bicho *mə aa piekado oen bietsjo*
Ik heb me gesneden	· Me he cortado *mə ee kortado*
— gebrand	· Me he quemado *mə ee kemado*
— geschaafd	· Tengo una rozadura *tengo oena roSadoera*
Ik ben gevallen	· Me he caído *mə ee kaaiedo*
Ik heb mijn enkel verzwikt	· Me he torcido el tobillo *mə ee torSiedo el tobiejo*
Ik kom voor de morning-after-pil	· Vengo a que me dé una píldora del día después *bengo aa ke mə de oena pieldora del diea despoees*

¿Qué molestias tiene?	Wat zijn de klachten?
¿Cuánto hace que tiene estas molestias?	Hoelang heeft u deze klachten al?
¿Ha tenido estas molestias anteriormente?	Heeft u deze klachten al eerder gehad?
¿Qué temperatura tiene?	Hoeveel graden koorts heeft u?
Desnúdese	Kleedt u zich uit a.u.b.
Desvístase de la cintura para arriba	Kunt u uw bovenlijf ontbloten?
Allí puede quitarse la ropa	U kunt zich daar uitkleden
Descúbrase el brazo izquierdo/derecho	Kunt u uw linkerarm/rechterarm ontbloten?
Recuéstese aquí	Gaat u hier maar liggen
¿Le duele esto?	Doet dit pijn?
Respire hondo	Adem diep in en uit
Abra la boca	Doe uw mond open

Voorgeschiedenis van de patiënt

Ik ben suikerpatiënt
- Soy diabético
  soj dieabetieko

— hartpatiënt
- Soy enfermo cardíaco
  soj enfermo kardieako

— astmapatiënt
- Soy asmático
  soj asmatieko

Ik ben allergisch voor ...
- Soy alérgico a ...
  soj aalerchieko aa ...

Ik ben ... maanden zwanger
- Estoy embarazada de ... meses
  estoj embaraSada də ... meses

Ik ben op dieet
- Sigo una dieta
  siego oena die-eta

Ik gebruik medicijnen/de pil
- Tomo medicamentos/la píldora
  tomo mediekamentos/la pieldora

ZIEK

Ik heb al eerder een hartaanval gehad	· He tenido un ataque cardíaco anteriormente *ee teni̱edo oen aata̱kə kardi̱eako anterieorme̱ntə*
Ik ben geopereerd aan ...	· Me han operado del/de la ... *mə an ooperado del/də la ...*
Ik ben pas ziek geweest	· He estado enfermo hace poco *ee esta̱do enfe̱rmo aa̱Sə po̱ko*
Ik heb een maagzweer	· Tengo una úlcera *te̱nğo o̱ena o̱elSera*
Ik ben ongesteld	· Tengo la regla *te̱nğo la re̱gla*

¿Padece alguna alergia?	Bent u ergens allergisch voor?
¿Toma medicamentos?	Gebruikt u medicijnen?
¿Sigue alguna dieta?	Volgt u een dieet?
¿Está embarazada?	Bent u zwanger?
¿Está vacunado/a contra el tétanos?	Bent u ingeënt tegen tetanus?

De diagnose

No es nada grave	Het is niets ernstigs
Se ha fracturado el/la ...	U heeft uw ... gebroken
Se ha contusionado el/la ...	U heeft uw ... gekneusd
Se ha desgarrado el/la ...	U heeft uw ... gescheurd
Tiene una inflamación	U heeft een ontsteking
Tiene apendicitis	U heeft een blindedarmontsteking
Tiene bronquitis	U heeft een bronchitis
Tiene una enfermedad venérea	U heeft een geslachtsziekte
Tiene gripe	U heeft griep
Ha tenido un ataque al corazón	U heeft een hartaanval gehad
Tiene una infección virósica/ bacteriana	U heeft een infectie (virus-, bacterie-)
Tiene una pulmonía	U heeft een longontsteking
Tiene una úlcera	U heeft een maagzweer
Se ha distendido un músculo	U heeft een spier verrekt

Tiene una infección vaginal	U heeft een vaginale infectie
Tiene una intoxicación alimenticia	U heeft een voedselvergiftiging
Tiene una insolación	U heeft een zonnesteek
Es alérgico a ...	U bent allergisch voor ...
Está embarazada	U bent zwanger
Quisiera hacerle un análisis de sangre/de orina/de materia fecal	Ik wil uw bloed/urine/ontlasting laten onderzoeken
Hay que suturar la herida	Het moet gehecht worden
Le/la voy a derivar a un especialista/a un hospital	Ik stuur u door naar een specialist/het ziekenhuis
Tiene que hacerse radiografías	Er moeten foto's gemaakt worden
Vuelva a tomar asiento en la sala de espera	U moet weer even in de wachtkamer gaan zitten
Hay que operarle/operarla	U moet geopereerd worden

Is het besmettelijk?	• ¿Es contagioso? *es kontachjoso?*
Hoelang moet ik — blijven?	• ¿Hasta cuándo tengo que —? *asta koeando tengo ke —?*
— in bed	• ¿Hasta cuándo tengo que guardar cama? *asta koeando tengo ke guardar kama?*
— in het ziekenhuis	• ¿Hasta cuándo tengo que quedarme en el hospital? *asta koeando tengo ke kedarmə en el ospietal?*
Moet ik me aan een dieet houden?	• ¿Tengo que seguir alguna dieta? *tengo ke segier algoena die-eta?*
Mag ik reizen?	• ¿Puedo viajar? *poe-edo bjachar?*
Kan ik een nieuwe afspraak maken?	• ¿Puedo volver a pedir hora? *poeedo bolber aa pedier oora?*
Wanneer moet ik terugkomen?	• ¿Cuándo tengo que volver? *koeando tengo ke bolber?*
Ik kom morgen terug	• Vuelvo mañana *boe-elbo manjana*

ZIEK

Vuelva mañana/dentro de … días	U moet morgen/over … dagen terugkomen

13.4 Recept en voorschriften

Hoe moet ik deze medicijnen innemen?	• ¿Cómo se toman estos medicamentos? *komo sə toman estos mediekamentos?*
Hoeveel capsules/druppels/injecties/lepels/tabletten per keer?	• ¿Cuántas cápsulas/gotas/inyecciones/cucharadas/tabletas por vez? *koeantas kapsoelas/ğotas/ienjekSieones/koetsjaradas/tabletas por beS?*
Hoeveel keer per dag?	• ¿Cuántas veces al día? *koeantas beSes al diea?*
Ik heb mijn medicijnen vergeten. Thuis gebruik ik …	• Se me ha olvidado traer los medicamentos. En casa tomo … *sə mə aa olbiedado traaer los mediekamentos. en kasa tomo …*
Kunt u voor mij een recept uitschrijven?	• ¿Podría hacerme una receta? *podriea aaSermə oena reSeta?*

Voy a recetarle unos antibióticos/un jarabe/un calmante/unos analgésicos	Ik schrijf u antibiotica/een drankje/een kalmeringsmiddel/pijnstillers voor
Tiene que guardar reposo	U moet rust houden
No tiene que salir a la calle	U mag niet naar buiten
Tiene que guardar cama	U moet in bed blijven

antes de cada comida voor elke maaltijd	diluir en agua oplossen in water
aplicar/embadurnar insmeren	durante … días gedurende … dagen
cada … horas om de … uur	estos medicamentos afectan la capacidad de conducir deze medicijnen beïnvloeden de rijvaardigheid
cápsulas capsules	
cucharadas (soperas/de té) lepels (eet-/thee-)	gotas druppels

inyecciones injecties	**tomar/ingerir** innemen
para uso externo **exclusivamente** alleen voor uitwendig gebruik	**tragar entero** in zijn geheel doorslikken
seguir la cura hasta el final de kuur afmaken	**ungüento** zalf
tabletas tabletten	**... vez/veces cada 24 horas** ... maal per etmaal

13.5 De tandarts

Weet u een goede tand- arts?	• ¿Me podría recomendar un buen dentista? *mə podriea rekomendar oen boe-en dentiesta?*
Kunt u voor mij een afspraak maken bij de tandarts? Er is haast bij	• ¿Me podría pedir hora con el dentista? Es urgente *mə podriea pedier oora kon el dentiesta? es oerchentə*
Kan ik a.u.b. vandaag nog komen?	• ¿Me podría atender hoy mismo? *mə podriea aatender oj miesmo?*
Ik heb (vreselijke) kies- pijn/tandpijn	• Tengo (un terrible) dolor de muelas/ dientes *tengo (oen terrieblə) dolor də moe-elas/ die-entes*
Kunt u een pijnstiller voorschrijven/geven?	• ¿Me podría recetar/dar un analgésico? *mə podriea reSetar/dar oen aanalchesieko?*
Er is een stuk van mijn tand/kies afgebroken	• Se me ha caído un pedazo de un diente/ de una muela *sə mə aa kaaiedo oen pedaSo də oen die-entə/də oena moe-ela*
Mijn vulling is eruit gevallen	• Se me ha salido un empaste *sə mə aa saliedo oen empastə*
Mijn kroon is afgebroken	• Se me ha roto la corona *sə mə aa roto la korona*

ZIEK

Ik wil wel/niet plaatselijk verdoofd worden

· Quisiera que/no quiero que me ponga anestesia local
  kiesie-era ke/no kjero ke mə ponĝa aanestesiea lokal

Kunt u me nu op provisorische wijze helpen?

· ¿Me podría hacer un arreglo provisional?
  mə podriea aaSer oen arreĝlo probiesieonal?

Ik wil niet dat deze kies getrokken wordt

· No quiero que me extraiga esta muela
  no kjero ke mə ekstrajĝa esta moe-ela

Mijn kunstgebit is gebroken. Kunt u het repareren?

· Se me ha roto la dentadura postiza. ¿Podría arreglármela?
  sə mə aa roto la dentadoera postieSa. podriea arreĝlarmela?

¿Qué diente/muela le duele?	Welke tand/kies doet pijn?
Tiene un abceso	U heeft een abces
Tengo que tratarle el nervio	Ik moet een zenuwbehandeling doen
Voy a ponerle anestesia local	Ik ga u plaatselijk verdoven
Tengo que empastarle/ extraerle/pulirle este/esta ...	Ik moet deze ... vullen/trekken/ afslijpen
Tengo que usar el torno	Ik moet boren
Abra la boca	Mond open
Cierre la boca	Mond dicht
Enjuáguese	Spoelen
¿Le sigue doliendo?	Voelt u nog pijn?

14.1 Om hulp vragen

Help!	• ¡Socorro! *sokorro!*
Brand!	• ¡Fuego! *foe-eĝo!*
Politie!	• ¡Policía! *polieSiea!*
Snel!	• ¡Rápido! *rapiedo!*
Gevaar!	• ¡Peligro! *pelieĝro!*
Pas op!	• ¡Cuidado! *koe-iedado!*
Stop!	• ¡Alto! *alto!*
Voorzichtig!	• ¡Cuidado! *koe-iedado!*
Niet doen!	• ¡No, no! *no, no!*
Laat los!	• ¡Suelte! *soe-eltə!*
Houd de dief!	• ¡Al ladrón! *al ladron!*
Wilt u me helpen?	• ¿Podría ayudarme? *podriea aajoedarmə?*
Waar is het politiebureau/ de nooduitgang/de brandtrap?	• ¿Dónde está la comisaría/la salida de emergencia/la escalera de incendios? *dondə esta la komiesariea/la saliedə də eemerchenSiea/la eskalera də ienSendieos?*
Waar is een brandblus- apparaat?	• ¿Dónde hay un extintor? *dondə aj oen ekstientor?*
Waarschuw de brand- weer!	• ¡Llamen a los bomberos! *ljamen aa los bomberos!*
Bel de politie	• ¡Llamen a la policía! *ljamen aa la polieSiea!*
Waarschuw een zieken- auto	• ¡Llamen a una ambulancia! *ljamen aa oena amboelanSiea!*

Waar is een telefoon?	• ¿Dónde hay un teléfono?
	dondə aj oen telefono?
Mag ik uw telefoon gebruiken?	• ¿Podría llamar por teléfono?
	podriea ljamar por telefono?
Wat is het alarmnummer?	• ¿Cuál es el número de urgencias?
	koeal es el noemero də oerchenSieas?
Wat is het telefoonnummer van de politie?	• ¿Cuál es el número de la policía?
	koeal es el noemero də la polieSiea?

14.2 Verlies

Ik ben mijn portemonnee/ portefeuille verloren	• Se me he perdido el monedero/la cartera
	sə mə ee perdiedo el monedero/la kartera
Ik ben gisteren mijn ... vergeten	• Ayer me dejé el/la ...
	aajer mə dechę el/la ...
Ik heb hier mijn ... laten liggen/staan	• Me he dejado el/la ...
	mə ee dechado el/la ...
Heeft u mijn ... gevonden?	• ¿Han encontrado mi ...?
	an enkontrado mie ...?
Hij stond/lag hier	• Estaba aquí
	estaba akie
Het is zeer kostbaar	• Es muy valioso
	es moej baljoso
Waar is het bureau gevonden voorwerpen?	• ¿Dónde está la oficina de objetos perdidos?
	dondə esta la oofieSiena də obchetos perdiedos?

14.3 Ongelukken

Er is een ongeluk gebeurd	• Ha habido un accidente
	aa aabiedo oen akSiedentə
Er is iemand in het water gevallen	• Se ha caído alguien al agua
	sə aa kaiedo algjen al aagoea
Er is brand	• Hay un incendio
	aj oen ienSendieo
Is er iemand gewond?	• ¿Hay algún herido?
	aj algoen eeriedo?
Er zijn (geen) gewonden	• (No) hay heridos
	(no) aj eeriedos

Er zit nog iemand in de auto/trein	• Todavía queda alguien en el coche/tren
	todabiea keda algjen en el kotsjə/tren
Het valt wel mee. Maakt u zich geen zorgen	• No es grave. No se preocupe
	no es ĝrabə. no sə preeokoepə
Wilt u geen veranderingen aanbrengen	• No toque nada
	no tokə nada
Ik wil eerst met de politie praten	• Primero quisiera hablar con la policía
	priemero kiesie-era aablar kon la polieSiea
Ik wil eerst een foto nemen	• Primero quisiera sacar una foto
	priemero kiesie-era sakar oena foto
Hier heeft u mijn naam en adres	• Aquí tiene mi nombre y dirección
	aakie tie-enə mie nombrə ie dierekSieon
Mag ik uw naam en adres weten?	• ¿Me da su nombre y dirección?
	mə da soe nombrə ie dierekSieon?
Mag ik uw identiteitsbewijs/verzekeringspapieren zien?	• ¿Me permite su carnet de identidad/sus papeles del seguro?
	mə permietə soe karnə də iedentieda/soes papeles del seĝoero
Wilt u getuige zijn?	• ¿Le importaría hacer de testigo?
	lə iemportariea aaSer də testieĝo?
Ik moet de gegevens weten voor de verzekering	• Necesito los datos para el seguro
	neSesieto los datos para el seĝoero
Bent u verzekerd?	• ¿Está asegurado?
	esta aaseĝoerado?
WA of all risk?	• ¿Responsabilidad civil o contra todo riesgo?
	responsabieliedə Siebiel oo kontra todo rie-esĝo?
Wilt u hier uw handtekening zetten?	• Firme aquí, por favor
	fiermə aakie, por fabor

14.4 Diefstal

Ik ben bestolen	• Me han robado
	mə an robado
Mijn ... is gestolen	• Me han robado el/la ...
	mə an robado el/la ...
Mijn auto is opengebroken	• Me han abierto el coche
	mə an aabjerto el kotsjə

Ik ben mijn kind/oma kwijt	• Se ha perdido mi hijo/mi hija/mi abuela *sǝ aa perdiedo mie iecho/mie iechaa/mie aaboe-ela*
Wilt u mij helpen zoeken?	• ¿Podría ayudarme a buscar? *podriea aajoedarmǝ aa boeskar?*
Heeft u een klein kind gezien?	• ¿Ha visto a un niño pequeño/a una niña pequeña? *aa biesto aa oen nienjo pekenjo/aa oena nienja pekenja?*
Hij/zij is ... jaar	• Tiene ... años *tie-enǝ ... anjos*
Hij/zij heeft kort/lang/ blond/rood/bruin/zwart/ grijs/krullend/steil/ kroezend haar	• Tiene el pelo corto/largo/rubio/rojo/castaño/negro/canoso/rizado/liso/crespo *tie-enǝ el pelo korto/largo/roebjo/rocho/kastanjo/negro/kanoso/rieSado/lieso/krespo*
met een paardestaart	• con cola de caballo *kon kola dǝ kabajo*
met vlechten	• con trenzas *kon trenSas*
met een knotje	• con moño *kon monjo*
De ogen zijn blauw/bruin/ groen	• Tiene ojos azules/marrones/verdes *tie-enǝ ochos aaSoeles/marrones/berdes*
Hij draagt een zwem- broekje/bergschoenen	• Lleva bañador/botas de montaña *ljeba banjador/botas dǝ montanja*
met/zonder bril/tas	• con/sin gafas/bolso *kon/sien ĝafas/bolso*
groot/klein	• alto/bajito *alto/bachieto*
Dit is een foto van hem/ haar	• Esta es su foto *esta es soe foto*
Hij/zij is zeker verdwaald	• Seguramente se habrá perdido *seĝoeramentǝ sǝ aabra perdiedo*

Een aanhouding

Los papeles del coche, por favor	Uw autopapieren a.u.b.
Conducía demasiado rápido	U reed te hard
Tiene mal aparcado el coche	U staat fout geparkeerd
No ha puesto monedas en el parquímetro	U heeft de parkeermeter niet gevuld
No le funcionan los faros	Uw lichten doen het niet
Le vamos a poner una multa de ...	U krijgt een boete van ...
¿Va a pagar la multa en el acto?	Wilt u direct betalen?
Tiene que pagar en el acto	U moet direct betalen

Ik spreek geen Spaans	• No hablo español *no aablo espanjol*
Ik heb dat bord niet gezien	• No he visto el cartel *no ee biesto el kartel*
Ik begrijp niet wat daar staat	• No entiendo lo que dice *no entie-endo lo ke dieSə*
Ik reed maar ... km per uur	• Sólo iba a ... kilómetros por hora *solo ieba a ... kielometros por oora*
Ik zal mijn auto laten nakijken	• Haré revisar el coche *aare rebiesar el kotsjə*
Ik werd verblind door een tegenligger	• Me cegó un coche que venía de frente *mə Sego oen kotsjə ke beniea də frentə*

IN MOEILIJKHEDEN

Op het politiebureau

¿Dónde ha sido?	Waar is het gebeurd?
¿Qué se le ha perdido?	Wat bent u kwijt?
¿Qué le han robado?	Wat is er gestolen?
¿Me permite su documento de identidad?	Mag ik uw identiteitsbewijs?
¿A qué hora ocurrió?	Hoe laat is het gebeurd?

¿Quiénes estuvieron implicados?	Wie waren er bij betrokken?
¿Hay testigos?	Zijn er getuigen?
Rellene este formulario	Wilt u dit invullen
Firme aquí, por favor	Hier tekenen a.u.b.
¿Quiere un intérprete?	Wilt u een tolk?

Ik kom aangifte doen van een botsing/een vermissing/een verkrachting
- Vengo a hacer la denuncia de un choque/un extravío/una violación
  benĝo aa aaSer la denoenSiea də oen tsjokə/oen ekstrabieo/oena bjolaSieon

Wilt u een proces-verbaal opmaken?
- ¿Podría hacer un atestado?
  podriea aaSer oen aatestado?

Mag ik een afschrift voor de verzekering?
- ¿Me podría dar una copia para el seguro?
  mə podriea dar oena kopja para el seĝoero?

Ik ben alles kwijt
- He perdido todo
  ee perdiedo todo

Mijn geld is op, ik ben radeloos
- Se me ha acabado el dinero, no sé qué hacer
  sə mə aa aakabado el dienero, no se ke aaSer

Kunt u mij wat lenen?
- ¿Me podría prestar algún dinero?
  mə podriea prestar alĝoen dienero?

Ik wil graag een tolk
- Quisiera un intérprete
  kiesie-era oen ienterpretə

Ik ben onschuldig
- Soy inocente
  soj ienoSentə

Ik weet nergens van
- No sé nada
  no se nada

Ik wil spreken met iemand van —
- Quisiera hablar con alguien de —
  kiesie-era aablar kon alĝjen də —

— het Nederlandse/Belgische consulaat
- Quisiera hablar con alguien del consulado holandés/belga
  kiesie-era aablar kon alĝjen del konsoelado oolandes/belĝa

— de Nederlandse/Belgische ambassade
- Quisiera hablar con alguien de la embajada holandesa/belga
  kiesie-era aablar kon alĝjen də la embachada oolandesa/belĝa

Ik wil een advocaat die ...   • Quisiera un abogado que hable ...
   spreekt   *kiesie-era oen aaboĝado ke aablə ...*   133

IN MOEILIJKHEDEN

Woordenlijst
Nederlands – Spaans

Deze woordenlijst is bedoeld als aanvulling op de hoofdstukjes hiervoor. De
nummers achter het woord verwijzen naar de paragraaf met de belangrijkste
zinnen waarin u deze woorden kunt gebruiken. In een aantal gevallen kunt u
woorden die in deze lijst ontbreken elders in het boekje vinden, namelijk bij
de illustraties van de auto, de fiets en de tent. Veel etenswaren kunt u vinden
in de Spaans – Nederlandse lijst in 4.7.
Een # achter de vertaling wil zeggen dat het niet zo veel zin heeft om naar het
betreffende artikel te vragen. Het is onbekend of niet verkrijgbaar.

A

aanbevelen *4.2*	recomendar	*rekomendar*
aanbieden *3.6*	ofrecer	*ofreSer*
aangebrand *4.4*	quemado	*kemado*
aangenaam *2.1*	agradable	*agradablə*
aangetekend *9.1*	certificado	*Sertiefiekado*
aangeven (bij douane) *5.1*	declarar	*deklarar*
aankomen *6.1*	llegar	*ljegar*
aanranding *14.6*	la agresión	*la aagresieon*
aanrijding	el choque	*el tjsokə*
aansteker	el mechero	*el metsjero*
aanwezig	presente	*presentə*
aanwijzen	señalar	*senjalar*
aardappel	la patata	*la patata*
aardbeien (groot)	los fresones	*los fresones*
aardbeien (klein)	las fresas	*las fresas*
aarde (grond)	la tierra	*la tie-era*
aardewerk *10*	la cerámica	*la Seeramieka*
aardig (om te zien)	bonito	*bonieto*
aardig (sympathiek)	amable	*aamablə*
aartsbisschop	el arzobispo	*el arSobiespo*
abonneenummer *9.2*	el número de abonado	*el noemero də aabonado*
accu *5.6*	la batería	*la bateriea*
achter *1.6*	atrás	*aatras*
achterin *6.3*	atrás	*aatras*
achternaam *1.8*	el apellido	*el aapejiedo*
achteruitrijden (trein) *6.6*	ir para atrás	*ier para atras*
achteruitrijden (auto)	dar marcha atrás	*dar martsja atras*
5.4		

adder *13.2*	la víbora	*la biebora*
ader *13.2*	la vena	*la bena*
adres *1.8, 3.11, 6.7*	la dirección	*la dierekSieon*
advies *4.2*	el consejo	*el konsecho*
advocaat (jur.) *14.6*	el abogado	*el aabogado*
afdeling *10.1*	la sección	*la sekSieon*
afdruk *9.1, 14.3*	la copia	*la kopia*
afdrukken (foto) *10.4*	copiar	*kopiear*
afgesloten (rijweg) *5.3*	(la carretera) cerrada	*(la karreteera) Serrada*
afrekenen *4.3, 7.5, 8.2*	pagar la cuenta	*pagar la koeenta*
afscheid *3.11*	la despedida	*la despedieda*
afscheiding (med.)	la secreción	*la sekreSieon*
afschuwelijk *2.6*	horrible	*orrieblə*
afspraak (bij arts) *13.1*	la hora	*la oora*
afspraak (maken) *10.5*	pedir hora	*pedier oora*
afspraakje *3.7*	la cita	*la Sieta*
afspreken *3.10*	quedar	*kedar*
afstand *6.4*	la distancia	*la diestanSiea*
aftershave	la loción para después del afeitado	*la loSieon para despoe-es del aafeitado*
agent *14.1, 14.6*	el guardia	*el goeardiea*
Aids *3.9*	el sida	*el sieda*
airconditioning *7.3*	el aire acondicionado	*el ajrə aakondieSieonado*
akkoord	vale, de acuerdo	*baalə, də aakoe-erdo*
alarm *14.1*	la alarma	*la alarma*
alarmnummer *14.1*	el número de urgencias	*el noemero də oerchenSieas*
alcohol *3.6, 13.4*	el alcohol	*el alkol*
allebei	los/las dos	*los/las dos*
alleen *3.1*	solo	*solo*
allergisch *13.3*	alérgico	*alerchieko*
alles	todo	*todo*
alstublieft (antwoord) *2.4*	de nada	*də nada*
alstublieft (vragend)	por favor	*por fabor*
altijd *3.4*	siempre	*sie-emprə*
ambassade *14.6*	la embajada	*la embachada*
ambulance *13.1, 14.1*	la ambulancia	*la amboelanSiea*
ananas	la piña	*la pienja*
andere *3.7*	otro	*ootro*
annuleren *6.4, 7.1*	cancelar	*kanSelar*
ansichtkaart *9.1, 11.1*	la (tarjeta) postal	*la (tarcheta) postal*
ansjovis *4.6*	la anchoa	*la antsjoa*
antibiotica *13.4*	los antibióticos	*los antiebieotiekos*

A

anticonceptiepil	la píldora anticon- ceptiva	*la pjeldora antiekon- Septjeba*
antiek (bn) 10.1 .	antiguo	*antiegoe-o*
antiek (zn) 10	las antigüedades	*las antiegoe-edadəs*
antivries 10.1	el anticongelante	*el antiekonchelantə*
antwoord 2.3	la respuesta	*la respoe-esta*
anus 13.2	el ano	*el aano*
aperitief 4.2, 4.7	el aperitivo	*el aperietiebo*
apotheek 10, 13.1	la farmacia	*la farmaSiea*
appartement 3.1, 7.3	el apartamento	*el aapartamento*
appel	la manzana	*la manSana*
appelmoes 4.6	el puré de manzanas	*el poerez də manSanas*
appelsap 4.6, 4.7	el zumo de manzana	*el Soemo də manSana*
appeltaart 4.6	la tarta de manzana	*la tarta də manSana*
april 1.1	abril	*aabriel*
architectuur 11.1	la arquitectura	*la arkietektoera*
arm 13.2	el brazo	*el braSo*
armband 10.1, 14.2	la pulsera	*la poelseera*
artikel 10.1	el artículo	*el artiekoelo*
artisjokken 4.6	las alcachofas	*las alkatsjofas*
arts 13.1	el médico	*el medieko*
asbak 4.2	el cenicero	*el SenieSero*
asperges	los espárragos	*los esparragos*
aspirine 13.4	la aspirina	*la aspieriena*
aubergine	la berenjena	*la berenchena*
augustus 1.1	agosto	*aagosto*
auto 3.8, 6.3, 7.2	el coche	*el kotsjə*
autobus 6.1, 6.4	el autobús	*el autoboes*
autodek	la bodega para coches	*la bodega para kotsjes*
automaat (machine) 8.1, 10.1	la máquina automática	*la makiena auto- matieka*
automaat (auto) 5.4	el coche con cambio automático	*el kotsjə kon kambjo automatieko*
automatisch 8.1, 10.1	automático	*automatieko*
autopapieren 14.6	los papeles del coche	*los papeles del kotsjə*
autoweg 5.3	la autovía	*la autobiea*
autozitje 5.8	el asiento para niños	*el aasie-ento para nienjos*
avond (na 21 uur) 3.7	la noche	*la notsjə*
avond (tot 21 uur) 3.7	la tarde	*la tardə*
avondeten 7.3	la cena, la comida ·	*la Sena, la komieda*
avondkleding 11.2	el traje de etiqueta	*el trachə də eetieketa*
avonds ('s) (na 21 uur) 1.1	por la noche	*por la notsjə*

| avonds ('s) (tot 21 uur) | por la tarde | *por la tardə* |
| 1.1 | | |

B

baby 4.1	el bebé	*el bebe*
baby-oppas 7.3	la/el canguro	*la/el kanggoero*
babyvoeding	la comida para bebés	*la komieda para bebes*
bad 7.3	el baño	*el banjo*
badhanddoek	la toalla de baño	*la tooaja də banjo*
badhokje	la caseta	*la kaseta*
badkamer 7.3	el cuarto de baño	*el koearto də banjo*
badmeester 12.2	el bañista	*el banjiesta*
badmuts 10.1, 12.2	la gorra de baño	*la ĝorra də banjo*
badpak	el bañador	*el banjador*
badschuim	el gel de baño	*el chel də banjo*
bagage 5.2	el equipaje	*el eekiepachə*
bagagedepot 5.2	el depósito de equipajes	*el deposieto də eekiepachəs*
bagagekluis 5.2	la consigna automática	*la konsieĝna automatieka*
bakker 10	la panadería	*la panaderiea*
bal 12.1	la pelota	*la pelota*
balie 6.4	el mostrador	*el mostrador*
balkon (aan gebouw) 7.3	el balcón	*el balkon*
balkon (theater) 11.3	el palco (alto)	*el palko (alto)*
ballet 11.2	el ballet	*el balle*
balpen	el bolígrafo	*el bolieĝrafo*
banaan	el plátano	*el platano*
bandenlichter	el desmontador de neumáticos	*el desmontador də ne-oematiekos*
bandenspanning 5.5	la presión de los neumáticos	*la presieon de los ne-oematiekos*
bang	miedoso	*mjedoso*
bank 8.1	el banco	*el banko*
banketbakker 10	la pastelería, la confitería	*la pasteleriea, la konfieteriea*
bankpasje 8.1	la tarjeta del banco	*la tarcheta del banko*
bar (café) 3.7	el bar	*el bar*
bár (meubel)	la barra	*la barra*
barbecue 7.2	la barbacoa	*la barbakooa*
basketballen 12.1	el baloncesto	*el balonSesto*
batterij 10.4	la pila	*la piela*
bed 3.9, 13.3	la cama	*la kama*

bedanken 2.4	agradecer	*aağradeSer*
bedankt 2.1, 2.4	gracias	*ğraSieas*
bediening 4.3	el servicio	*el serbieSieo*
bedorven 4.4	podrido	*podriedo*
bedrag 4.4, 8.2	el importe	*el iemporte*
beeld (stand-) 11.1	la estatua	*la estatoea*
beeldhouwkunst	la escultura	*la eskoeltoera*
been	la pierna	*la pjerna*
beestje 13.2	el bicho	*el bietsjo*
beetje, een	un poco	*oen poko*
begaanbaar 5.3	practicable	*praktiekable*
beginnen 11.2	empezar	*empeSar*
beginner 12.3	el principiante	*el prienSiepjante*
begrijpen 14.6	entender	*entender*
begroeten 2.1	saludar	*saloedar*
beha 10.3	el sujetador	*el soechetador*
behandeling 13.5	el tratamiento	*el tratamjento*
beheerder 7.2	el encargado	*el enkarğado*
bekeuring 14.6	la multa	*la moelta*
bekijken 11.1	mirar	*mierar*
Belg 3.1	el belga	*el belğa*
België 3.11	Bélgica	*belchieka*
Belgische 3.1	la belga	*la belğa*
beneden 1.6	abajo	*aabacho*
benzine 5.5	la gasolina	*la ğasoliena*
benzinestation 5.5	la gasolinera	*la ğasolienera*
berg	la montaña	*la montanja*
berghut 11.1	el refugio	*el refoechjo*
bergschoenen 14.5	las botas de alpinismo	*las botas de alpieniesmo*
bergsport 11.1, 11.2	el montañismo	*el montanjiesmo*
beroemd 11.1, 11.2	famoso	*famoso*
beroep 1.8	la profesión	*la profesieon*
beschadigd 5.2	dañado, estropeado	*danjado, estropejado*
besmettelijk 13.3	contagioso	*kontachjoso*
bespreekbureau 11.3	la reserva de entradas	*la reserba de entradas*
bespreken 11.3	reservar	*reserbar*
bestek 4.1, 10.1	los cubiertos	*los koebjertos*
bestellen 4.2, 5.6	pedir	*pedier*
bestelling 4.2	el pedido	*el pediedo*
bestemming 5.1, 6.4	el destino	*el destieno*
betalen 4.3, 6.2, 8.2	pagar	*pağar*
betekenen	significar	*sieğniefiekar*
beter 13.3	mejor	*mechor*
betrouwbaar (apparaat)	fiable/seguro	*fieable/seğoero*

betrouwbaar (persoon)	digno de confianza	*dieĝno də konfjanSa*
bevolking	la población	*la poblaSieon*
bewaring, in *5.2*	en consigna	*en konsieĝna*
bewijs (van betaling) *8.2*	el recibo	*el reSiebo*
bezet *6.1, 6.7*	ocupado	*ookoepado*
bezichtigen *11.1*	visitar	*biesietar*
bezienswaardigheid *11.1*	el punto de interés	*el poento də ienteres*
bezoeken *11.1*	visitar	*biesietar*
bibliotheek	la biblioteca	*la biebljoteka*
bier *4.7*	la cerveza	*la SerbeSa*
biet, rode	la remolacha	*la remolatsja*
bij (dier) *13.2*	la abeja	*la aabecha*
bij *1.6*	junto a	*choento aa*
bijpunten *10.5*	cortar las puntas	*kortar las poentas*
bijten *13.2*	morder	*morder*
bijvullen *5.5*	rellenar	*rejenar*
bijzonder *4.5*	especial	*espeSieal*
bikini *10.3, 12.2*	el bikini	*el biekienie*
biljarten	el juego de billar	*el choe-eĝo də biejar*
binnen *1.6, 4.1, 13.3*	adentro	*aadentro*
binnenband *5.6*	la cámara	*la kamara*
binnenland *6.4*	el interior del país	*el ienterieor del paies*
biscuit *10.2*	la galleta	*la ĝajeta*
bitter *4.4*	amargo	*aamarĝo*
blaar *13.2*	la ampolla	*la ampoja*
blauw	azul	*aaSoel*
blij *2.6*	contento	*kontento*
blijven *3.1, 7.1, 11.1*	quedarse	*kedarsə*
blik *10.2*	la lata	*la lata*
bliksem	el rayo	*el rajo*
blocnote (ruitjes, lijntjes)	el bloc (cuadriculado, a rayas)	*el blok (koeadriekoelado, aa rajas)*
bloed *13.3*	la sangre	*la sangĝrə*
bloeddruk *13.3*	la tensión sanguínea	*la tensieon sangĝienea*
bloedneus *13.2*	la hemorragia nasal	*la eemorrachiea nasal*
bloemkool	la coliflor	*la ko\\nieflor*
blond *14.5*	rubio	*roebjo*
blonderen *10.5*	teñir de rubio	*tenjier də roebjo*
bloot *12.2*	desnudo	*dəsnoedo*
blouse *10.3*	la blusa	*la bloesa*
bodymilk	la leche corporal	*la letsjə korporal*
boei *12.2*	la boya	*la boja*
boek *10.1*	el libro	*el liebro*
boekhandel *10*	la librería	*la liebreriea*

B

boer	el campesino	*el kampesieno*
boerderij	la granja	*la grancha*
boerin	la campesina	*la kampesiena*
bon (kwitantie) *5.1*	el recibo	*el reSiebo*
bonbon	el bombón	*el bombon*
bonen (witte -) *4.6, 10.1*	las judías blancas	*las choedieas blankas*
boodschap (bericht) *7.3, 9.1*	el recado/mensaje	*el rekado/el mensachə*
boodschappen doen *10.1*	hacer la compra	*aSer la kompra*
boord, aan	a bordo	*aa bordo*
boos *2.6*	enfadado	*enfadado*
boot	el barco	*el barko*
bord (op straat) *5.3*	el cartel	*el kartel*
bord (eten) *4.2*	el plato	*el plato*
borgsom *5.8, 7.5, 8.2, 12.1*	la fianza	*la fjanSa*
borrel *4.1, 4.2*	la copa	*la kopa*
borst	el pecho	*el petjso*
borstel *10.1*	el cepillo	*el Sepiejo*
bot	el hueso	*el oe-eso*
botanische tuin	el jardín botánico	*el chardien botanieko*
boter *4.7*	la mantequilla	*la mantekieja*
botsing *14.6*	el choque	*el tsjokə*
bouillon *4.6*	el caldo	*el kaldo*
boven *1.6, 6.3*	arriba	*arrieba*
bowlen	los bolos	*los bolos*
braken *13.2*	vomitar	*bomietar*
brand *14.3*	el incendio	*el ienSendieo*
brandblusapparaat *7.3, 14.1*	el extintor	*el ekstientor*
branden *13.2*	quemar	*kemar*
brandtrap *7.3, 14.1*	la escalera de incendios	*la eskalera də ienSendieos*
brandweer *14.1*	los bomberos	*los bomberos*
brandwond *13.2*	la quemadura	*la keemadoera*
brandzalf *10.1*	la pomada contra las quemaduras	*la pomada kontra las kemadoeras*
breien *3.5*	hacer punto	*aaSer poento*
breken (been) *13.3*	fracturarse	*fraktoerarsə*
brengen *3.11, 6.7*	llevar	*ljebar*
brief *9.1*	la carta	*la karta*
briefkaart *9.1*	la (tarjeta) postal	*la (tarcheta) postal*
briefpapier *9.1, 10.1*	el papel carta	*el papel karta*
brievenbus *9.1*	el buzón	*el boeSon*

bril	las gafas	*las ğafas*
bril (zonne-)	las gafas (de sol)	*las ğafas (də sol)*
brochure *11.1*	el folleto	*el fojeto*
broek (korte, lange)	los pantalones (cortos, largos)	*los pantalones (kortos, larğos)*
broekje (slipje) *10.1*	las bragas	*las brağas*
broekrok *10.3*	la falda-pantalón	*la falda-pantalon*
broer *3.1*	el hermano	*el ermano*
brommer *5.6*	el ciclomotor	*el Sieklomotor*
bron	la fuente	*la foe-entə*
brood *4.2*	el pan	*el pan*
broodje (ongesmeerd) *4.7*	el panecillo	*el paneSiejo*
broodje (gesmeerd) *4.7*	el bocadillo	*el bokadiejo*
brug	el puente	*el poe-entə*
bruiloft *3.2*	la boda	*la boda*
bruin	marrón	*marron*
brussels lof *4.6, 10.2*	las endivias	*las endiebias*
buik *13.3*	el vientre	*el bjentrə*
buikpijn *13.2*	el dolor de vientre	*el dolor də bjentrə*
buiten *1.6, 4.1, 13.4*	afuera	*afoe-era*
buitenband *5.7*	la cubierta	*la koebjerta*
buitenland *9.2*	el extranjero	*el ekstranchero*
buitenlands	extranjero	*ekstranchero*
bungalowpark *7.3*	la urbanización	*la oerbanieSaSieon*
buren *7.4*	los vecinos	*los beSienos*
burgemeester	el alcalde	*el alkaldə*
bus (auto-) *6.1*	el autobús	*el autoboes*
bushalte *6.4*	la parada de autobús	*la parada də autoboes*
businessclass *6.3*	la clase preferente	*la klasə preferentə*
busje (bestel-) *5.8*	la furgoneta	*la foerğoneta*
busstation *6.4*	la estación de autobús	*la estaSieon də autoboes*

C

cadeau *10.1*	el regalo	*el regalo*
café *3.7*	el bar	*el bar*
cafeïne-vrij *4.7*	sin cafeína	*sien kafee-iena*
camera *10.4*	la cámara	*la kamara*
camper *7.2*	el autocaravana	*el autokarabana*
camping *3.1, 7.2*	el camping	*el kampieng*
campinggas (propaan) *7.2*	el gas propano	*el ğas propano*

campinggas (butaan) 7.2	el gas butano	el ĝas boetano
caravan 7.2	la caravana	la karabana
casino	el casino	el kasieno
cassette (foto) 10.4	el carrete de cassette	el karretə də kasset
cassette (muz) 10.1	la cassette	la kasset
catalogus 11.1	el catálogo	el kataloĝo
cd 10.1	el compact disc	el kompakdiesk
ceintuur 10.3	el cinturón	el Sientoeron
centimeter	centímetro(s)	Sentiemetro(s)
centrale verwarming 7.3	la calefacción central	la kalefakSieon Sentral
centrum 6.7	el centro	el Sentro
champagne 4.2, 4.6, 10.2	el champán/el cava	el tsjampan/el caba
chartervlucht 6.5	el vuelo chárter	el boe-elo tsjarter
chauffeur 6.1	el chófer	el tsjofer
chef 4.4	el jefe	el chefə
cheque 8.1	el cheque	el tsjekə
chips	las patatas fritas	las patatas frietas
chocolade	el chocolate	el tsjokolatə
chocolademelk 4.7	el chocolate	el tsjokolatə
circus 11.2	el circo	el Sierko
cirkel	el círculo	el Sierkoelo
citroen	el limón	el liemon
cognac 4.2, 4.6, 10.2	el coñac	el konjak
collega 3.1	el/la colega	el/la koleĝa
compliment 3.8, 4.5	el cumplido	el koempliedo
concert 11.2	el concierto	el konSie-erto
concertgebouw 11.2	la sala de conciertos	la sala də konSie-ertos
condoom 3.9	el condón	el kondon
constipatie 13.2	el estreñimiento	el estrenjiemjento
consulaat 14.6	el consulado	el konsoelado
consult 13.3	la consulta	la konsoelta
contactlens	la lentilla	la lentieja
contactlensvloeistof	el líquido para las lentillas	el liekiedo para las lentiejas
contactsleutel 5.4	la llave de contacto	la ljabə də kontakto
controleren	controlar	kontrolar
correct 4.4, 9.2	correcto	korrekto
corresponderen 3.11	cartearse	karteearsə
couchette 6.3	la litera	la lietera
coupé 6.3	el compartimiento	el kompartiemjento
courgette	el calabacín	el kalabaSien
creditcard 8.1	la tarjeta de crédito	la tarcheta də kredieto
crème	la crema	la krema
croissant	el croissant	el kroeasan

daar *1.6*	allí	*ajie*
dag *1.1*	el día	*el diea*
dag (groet) *2.1*	hola	*ola*
dagmenu *4.2*	el menú del día	*el menoe del diea*
dagschotel *4.2*	el plato del día	*el plato del diea*
dal	el valle	*el bajə*
damestoilet *3.2, 4.1*	el servicio para señoras	*el serbieSjo para senjoras*
dammen *3.7*	jugar a las damas	*choeĝar a las damas*
dank u wel *2.4*	gracias	*ĝraSieas*
dansen *2.6, 3.5, 3.7*	bailar	*bajlar*
das (tegen de kou) *10.3*	la bufanda	*la boefanda*
december *1.1*	diciembre	*dieSie-embrə*
deken *7.3*	la manta	*la manta*
denken *3.9*	pensar	*pensar*
deodorant	el desodorante	*el desodorantə*
derde (het derde deel) *1.4*	la tercera parte	*la terSera partə*
dessert *4.6*	el postre	*el postrə*
deur *7.1*	la puerta	*la poe-erta*
dia *10.4*	la diapositiva	*la dieaposietieba*
diabeet *4.2*	el diabético	*el dieabetieko*
diamant *10.1, 14.2*	el diamante	*el dieamantə*
diarree *13.2*	la diarrea	*la diearreea*
dicht *11.1*	cerrado	*Serrado*
dichtbij *1.6*	cerca	*Serka*
dieet *4.2, 13.3*	la dieta	*la die-eeta*
dief *14.1*	el ladrón	*el ladron*
diefstal *14.4*	el robo	*el robo*
dienstregeling *6.4*	el horario	*el oorarieo*
diep *12.2*	hondo	*ondo*
diepvries *10.2*	los productos congelados	*los prodoektos konchelados*
diepzeeduiken *12.2*	el buceo	*el boeSeeo*
dier	el animal	*el aaniemal*
dierbaar	querido	*keriedo*
dierentuin	el parque zoológico	*el parkə Soo-olochieko*
diesel *5.5*	el gasóleo	*el ĝasoleo*
dieselolie *5.5*	el gasóleo	*el ĝasoleo*
dij	el muslo	*el moeslo*
dik	grueso/gordo	*ĝroe-eso/gordo*
diner *7.3*	la cena	*la Sena*

dineren 3.7, 11.2	cenar	*Senar*
dinsdag 1.1	el martes	*el martes*
disco 7.4, 11.2	la discoteca	*la dieskoteka*
dochter 3.1	la hija	*la iecha*
doe-het-zelf-zaak 10	la tienda de artículos de bricolaje	*la tie-enda də artiekoe-los də briekolachə*
doen 3.1	hacer	*aaSer*
dokter 13.1, 14.1	el médico	*el meedieko*
donderdag 1.1	el jueves	*el choe-ebes*
donker	oscuro	*oskoero*
dood	muerto	*moe-erto*
dooien 1.5	deshelar	*deselar*
doorslikken 13.4	tragar	*traĝar*
doorsturen 7.5	enviar	*enbiear*
doos 10.2	la caja	*la kacha*
doperwten 4.6, 10.2	los guisantes	*los ĝiesantəs*
dorp	el pueblo	*el poe-eblo*
dorst 3.2, 3.6	la sed	*la se*
douane 5.1	la aduana	*la adoeana*
douanecontrole 5.1	el control de aduanas	*el kontrol də adoeanas*
douche 7.2, 12.2	la ducha	*la doetsja*
draad(je) 3.5	el hilo	*el ielo*
draaien (nummer) 9.2	marcar	*markar*
drankje (med.) 13.4	el jarabe, la poción	*el charabə, la poSie-on*
driehoek	el triángulo	*el trieanĝoelo*
dringend 9.2, 14.1	urgente	*oerchentə*
drinken 3.6, 4.2	beber	*beber*
drinkwater 7.2	el agua potable	*el aaĝoea potablə*
drogen 10.5	secar	*sekar*
drogist 10	la droguería	*la droĝeriea*
dromen 3.9	soñar	*sonjar*
droog 3.4	seco	*seko*
droogshampoo 10.1, 10.5	el champú seco	*el tsjampoe seko*
droogte	la sequía	*la sekiea*
droogtrommel 7.2	la secadora	*la sekadora*
drop	el regaliz	*el reĝalieS*
druiven	las uvas	*las oebas*
druivesap 4.2, 4.6, 10.2	el zumo de uvas	*el Soemo də oebas*
druk (spanning)	la tensión	*la tensieon*
druk (bn) 7.2	mucha gente	*moetsja chentə*
drukken	apretar	*apretar*
duidelijk 9.2	claro	*klaro*
duif	la paloma	*la paloma*
duiken 12.2	bucear	*boeSear*

duikplank *12.2*	el trampolín	*el trampolien*
duiksport	el buceo	*el boeSeeo*
duikuitrusting	el equipo de buzo	*el eekiepo də boeSo*
Duits	alemán	*aalemạn*
duizelig *13.2*	mareado	*mareeạdo*
dun	fino	*fieno*
duren *5.6, 11.1*	durar, tardar	*doerạr, tardạr*
duur (bn) *10.1*	caro	*kạro*
duwen *5.6*	empujar	*empoechạr*

E

eau de toilette	el agua de tocador	*el aạĝoea də tokadọr*
eb *12.2*	la marea baja	*la mareẹa bạcha*
eczeem	el eczema	*el ekSẹma*
eenpersoons *7.3*	individual	*iendiebiedoeạl*
eenrichtingsverkeer *5.3*	la dirección única	*la dierekSieọn oenieka*
eenvoudig *10.1*	sencillo	*senSiẹjo*
eergisteren *1.1*	anteayer	*antəạjer*
eerlijk	sincero	*sienSẹro*
eerste hulp *14.1*	los primeros auxilios	*los priemeeros auksiẹlios*
eerste *1.4*	primero	*priemẹro*
eerste klas *6.3*	la primera clase	*la priemeera klạsə*
eetzaal *7.3*	el comedor	*el komedọr*
ei *4.7*	el huevo	*el oe-ẹbo*
eigenlijk	en realidad	*en reealiedạ*
eiland	la isla	*la iẹsla*
eindpunt *11.1*	el punto final	*el poento fienạl*
elastiekje	la goma elástica	*la ĝoma eelạstieka*
elektriciteitsaansluiting *7.2*	la toma de corriente	*la tọma də korriẹntə*
elektrisch *7.1, 10.1*	eléctrico	*eelẹktrieko*
emmer *7.2, 10.1*	el cubo	*el kọebo*
Engels	inglés	*ienĝĝles*
enkel *13.2*	el tobillo	*el tobiẹjo*
enkele reis (kaartje) *6.3*	el billete sencillo/de ida	*el biejetə senSiẹjo/də iẹda*
entree *11.2*	la entrada	*la entrạda*
envelop *10.1*	el sobre	*el sọbrə*
erg (ernstig) *13,2, 14.1*	grave	*ĝrabe*
ergens *1.6*	en alguna parte	*en alĝoena pạrtə*
ernstig *13.3*	grave	*ĝrabə*
escort-guide *11.2*	la call-girl, el call-boy	*la kọlĝel, el kọlboj*
etalage *10.3*	el escaparate	*el eskaparạtə*

eten 3.7, 4.2	comer	komer
etmaal 13.4	las 24 horas	las beintiekoeatro ooras
evenement	el acontecimiento	el aakonteSiemjento
excursie 11.1	la excursión organiza-da	la ekskoersieon orğani-Sada
excuses 2.5	las disculpas	las diskoelpas
eyeliner	el lápiz de ojos	el lapieS də oochos

F

fabriek 10.1, 11.1	la fábrica	la fabrieka
familie 3.1	los parientes	los parjentes
faxen 9.1	enviar un fax	enbiear oen faks
februari 1.1	febrero	febrero
feest 3.3, 11.1	la fiesta	la fie-esta
feestdag 1.2	el día de fiesta	el diea də fjesta
feestje 3.7	la fiesta	la fjesta
feestvieren 3.3	celebrar una fiesta	Selebrar oena fie-esta
feliciteren 3.3	felicitar	felieSietar
fiets 5.7	la bicicleta	la bieSiekleta
fietsen	montar en bicicleta	montar en bieSiekleta
fietsenmaker 5.7	el mecánico de bicicletas	el mekanieko də bieSiekletas
fietspomp 5.7	el inflador	el ienflador
fietszitje 5.7	el sillín para niños	el siejien para nienjos
fijn 2.6	bien	bjen
film 3.5, 10.4, 11.2	la película	la peliekoela
filmcamera 10.4, 14.2	la filmadora	la fielmadora
filter	el filtro	el fjeltro
fitnesscentrum	el gimnasio	el chiemnasieo
fitnesstraining	la gimnasia	la chiemnasiea
flat	el piso	el pieso
flauw (eten) 4.4	soso	soso
flauwekul 2.6	tontería(s)	tonteriea(s)
fles (voor baby)	el biberón	el bieberon
fles 4.2, 5.1, 10.2	la botella	la boteja
flessewarmer 4.1	el calentador de biberones	el kalentador də bieberones
flitsblokje 10.4	el cuboflash	el koeboflasj
flitser 10.4	el flash	el flasj
flitslampje 10.4	el flash	el flasj
föhnen 10.5	secar a mano	sekar aa mano
folkloristisch	folclórico	folklorieko
fontein	la fuente	la foe-entə

fooi 4.3	la propina	*la propiena*
forel	la trucha	*la troetsja*
formulier 1.8, 9.1	el formulario	*el formoelarieo*
fort 11.1	la fortificación	*la fortiefiekaSieon*
foto 3.2	la foto	*la foto*
fotograferen 3.5, 11.1	fotografiar, sacar fotos	*fotoğrafjar, sakar fotos*
fotokopie 9.1	la fotocopia	*la fotokopja*
fotokopiëren 9.1	fotocopiar	*fotokopjar*
fototoestel 10.4, 14.2, 14.4	la máquina fotográfica	*la makiena fotoğrafieka*
fout (zn) 4.4	el error	*el error*
frambozen 4.6, 10.2	las frambuesas	*las framboe-esas*
frank 8.1	el franco (belga)	*el franko (belğa)*
Frans	francés	*franSes*
frisdrank 4.7	el refresco, la bebida sin alcohol	*el refresko, la bebieda sien alkol*
fruit 4.7	la fruta	*la froeta*

G

gaan	ir	*ier*
gaar 4.4	hecho	*etsjo*
galerie	la galería de arte	*la ğaleriea də artə*
gamaschen	las polainas para la nieve	*las polajnas para la njebə*
gang (in gebouw) 7.4	el pasillo	*el pasiejo*
garage 5.6	el taller mecánico	*el tajer mekanieko*
garderobe 11.2	el guardarropa	*el ğoeardaropa*
garen 3.5	el hilo	*el ielo*
garnalen 4.6, 10.2	las gambas	*las ğambas*
gastvrijheid 3.11, 7.5	la hospitalidad	*la ospietalieda*
gauw 2.1, 3.11	pronto	*pronto*
gebakje	el pastel	*el pastel*
gebakken 4.2	frito	*frieto*
geboren 3.1	nacido	*naSiedo*
gebouw	el edificio	*el ediefieSieo*
gebraden 4.2	asado	*asado*
gebruikelijk	habitual	*aabietoeal*
gebruiken 13.4	emplear, usar	*empleear, oesar*
gebruiksaanwijzing 10.1	las instrucciones	*las ienstroekSieones*
gedistilleerd water 5.4	el agua destilada	*el aağoea destielada*
gedurende 13.4	durante	*doerantə*
geel	amarillo	*aamariejo*
gegevens 14.3	los datos	*los datos*

gehakt	la carne picada	la karnə piekada
gehoorapparaat	el audífono	el audiefono
geitekaas	el queso de cabra	el keso də kabra
gekoeld 10.2	refrigerado	refriecherado
gekookt 4.2	cocido	koSiedo
gekruid 4.2	picante	piekantə
gel 10.5	el gel	el chel
geld 8.1	el dinero	el dienero
geldig 6.1	válido	baalido
geloof	la religión	la reliechjon
geluk 2.1	la suerte	la soe-ertə
gemakkelijk	fácil	faSiel
gember 4.6, 10.2	el jengibre	el chenchiebrə
geneesmiddel 13.4	el medicamento	el mediekamento
genieten 3.11	disfrutar	diesfroetar
genoegen 2.4	el placer	el plaSer
gepensioneerd 3.2	jubilado	choebielado
gerecht 4.4	el plato	el plato
gereedschap	las herramientas	las erramjentas
gereserveerd 6.1	reservado	reserbado
gerookt 4.2	ahumado	aoemado
geroosterd 4.2	tostado	tostado
gescheiden 3.1	divorciado	dieborSieado
geschenk 10.1	el regalo	el reĝalo
geslachtsziekte 3.9, 13.3	la enfermedad venérea	la enfermedə benereea
gesprek (- in) 9.2	comunicando	komoeniekando
gestoofd 4.2	estofado	estofado
getrouwd 3.1	casado	kasado
getuige 14.3	el testigo	el testieĝo
gevaar 14.1	el peligro	el pelieĝro
gevaarlijk 1.7, 14.1	peligroso	pelieĝroso
gevarendriehoek 5.6	el triángulo reflectante	el trieangĝoelo re-flektantə
gevogelte 4.2	las aves	las abes
gevonden voorwerpen 14.1	los objetos perdidos	los obchetos perdiedos
gewond 14.3	herido	eeriedo
gewoon	corriente	korjentə
gezellig 2.6	agradable	aaĝradablə
gezicht (gelaat)	la cara	la kara
gezin 3.1, 7.1	la familia	la famielja
gezondheid 13.3	la salud	la saloed
gids (persoon) 11.1	el/la guía	ell/la ĝiea
gids (boekje) 11.1	la guía	la ĝiea

gif *13.2*	el veneno	*el beneno*
girobetaalkaart *8.1, 9.1*	el cheque postal	*el tsjekə postal*
giropasje *8.1*	la tarjeta de la caja postal	*la tarcheeta də la kacha postal*
gisteren *1.1*	ayer	*ajer*
glas (voor wijn) *4.2*	la copa	*la kopa*
glas (zonder voet) *4.2*	el vaso	*el baso*
gletsjer	el glaciar	*el glaSiear*
godsdienst	la religión	*la reliechjon*
goed *2.1, 2.6*	bien, bueno	*bjen, boe-eno*
goedemiddag *2.1*	buenas tardes (na 14 uur)	*boe-enas tardes*
goedemorgen *2.1*	buenos días (tot 14 uur)	*boe-enos dieas*
goedenacht *2.1*	buenas noches	*boe-enas notsjes*
goedenavond (voor 21 uur) *2.1*	buenas tardes	*boe-enas tardes*
goedenavond (na 21 uur) *2.1*	buenas noches	*boe-enas notsjes*
goedendag *2.1*	buenos días	*boe-enos dieas*
goedkoop *10.1*	barato	*barato*
golfbaan *12.1*	la cancha de golf	*la kantsja də golf*
golfen *12.1*	el golf	*el golf*
golfslagbad *12.2*	la piscina con oleaje	*la piesSiena kon ooleeachə*
goud	el oro	*el ooro*
graag *2.4, 4.2*	con (mucho) gusto	*kon (moetsjo) goesto*
graden *1.5, 13.2*	los grados	*los grados*
graf	la tumba	*la toemba*
gram *10.2*	el gramo	*el gramo*
grap	la broma	*la broma*
grapefruit	el pomelo	*el pomelo*
gratis *11.1, 11.3*	gratuito	*gratoe-ieto*
grens *5.1*	la frontera	*la frontera*
griep *13.3*	la gripe	*la griepə*
grijs (haar) *14.5*	canoso	*kanoso*
grijs	gris	*gries*
grilleren *4.2*	asar a la parrilla	*asar a la parrieja*
groen	verde	*berdə*
groene kaart *5.4*	la tarjeta verde	*la tarcheta berdə*
groente *4.7*	la verdura	*la berdoera*
groentesoep *4.6*	la sopa de verduras	*la sopa də berdoeras*
groep *11.1*	el grupo	*el groepo*
groeten, de *2.1, 3.11*	recuerdos	*rekoe-erdos*

grond	la tierra	*la tie-erra*
groot *10.1*	grande	*grandə*
groothoeklens	el objetivo gran angular	*el obchetiebo ĝran angoelar*
grot	la gruta	*la ĝroeta*
grote weg	la carretera principal	*la karreteera prienSie-pal*
gulden *8.1*	el florín	*el florien*

H

haai *4.6, 12.2*	el tiburón	*el tieboeron*
haar *10.5, 14.5*	el pelo	*el pelo*
haarborstel	el cepillo para el pelo	*el Sepiejo para el pelo*
haarlak *10.1, 10.5*	la laca para el pelo	*la laka para el pelo*
haarspelden *10.1, 10.5*	las horquillas	*las orkiejas*
haast (zn) *6.7, 7.5, 13.5*	la prisa	*la priesa*
hak *10.3*	el tacón	*el takon*
halen *3.10, 5.6*	(ir a) buscar	*(ier aa) boeskar*
half *1.4*	medio, media	*medieo, mediea*
halfvol (v. melk) *10.2*	semidesnatado	*semiedesnatado*
halfvol (halfleeg)	lleno hasta la mitad	*ljeno asta la mieta*
hallo *2.1*	hola	*ola*
halte *6.1*	la parada	*la parada*
ham (gekookt)	el jamón de York	*el chamon də jork*
ham (rauw)	el jamón (serrano)	*el chamon (serrano)*
hamer	el martillo	*el martiejo*
hand	la mano	*la mano*
handdoek *7.3*	la toalla	*la toaja*
handgemaakt *10.1*	hecho a mano	*etsjo a mano*
handrem *5.4*	el freno de mano	*el freno də mano*
handschoen *10.3*	el guante	*el ĝoeantə*
handtas	el bolso de mano	*el bolso də mano*
handtekening *8.1*	la firma	*la fierma*
hard (niet zacht) *7.2*	duro	*doero*
hard (spreken) *9.2*	alto	*alto*
haring (vis)	el arenque	*el aarenkə*
haring (tent-) *7.2*	la estaca	*la estaka*
hart	el corazón	*el koraSon*
hartelijk *2.4*	cordial	*kordieal*
hartig *4.2*	salado	*salado*
hartpatiënt *13.3*	el enfermo cardíaco	*el enfermo kardieako*
haven	el puerto	*el poe-erto*
hazelnoot	la avellana	*la abejana*

Dutch	Spanish	Pronunciation
hechten (med) 13.3	suturar	soetoerar
hechting 13.3	el punto	el poento
heerlijk 2.6, 4.5	delicioso	delieSieoso
heimwee	la nostalgia	la nostalchiea
hek 7.1	la verja	la bercha
helemaal	del todo	dəl todo
helft 1.4	la mitad	la mieta
helm 5	el casco	el kasko
helpen 2.2, 3.2, 14.1	ayudar	aajoedar
hemd 10.3	la camiseta	la kamieseta
hengel 12.2	la caña de pescar	la kanja də peskar
herfst 1.1	el otoño	el ootonjo
herhalen	repetir	repetier
hersenschudding 13.2	la conmoción cerebral	la konmoSieon Serebral
heten 3.1	llamarse	ljamarsə
hetzelfde 4.2	lo mismo	lo miesmo
heup 13.2	la cadera	la kadera
hiel	el talón	el talon
hier 1.6	aquí	aakie
hobby 3.5	el hobby	el chobie
hoe ver? 2.2	¿a qué distancia?	aa ke diestanSiea?
hoe? 2.2	¿cómo?	komo?
hoed	el sombrero	el sombrero
hoek (binnen) 4.1	el rincón	el riengkon
hoelang? 2.2	¿cuánto?	koeanto?
hoest 13.2	la tos	la tos
hoestdrank 13.4	el jarabe para la tos	el charabə para la tos
hoeveel? 2.2	¿cuánto?	koeanto?
hond 13.2	el perro	el perro
honger 4.1	el hambre/el apetito	el ambrə/el apetieto
honing 4.7	la miel	la mjel
hoofd	la cabeza	la kabeSa
hoofdpijn 13.2	el dolor de cabeza	el dolor də kabeSa
hoofdpostkantoor 9.1	la oficina central de Correos	la oofieSiena Sentral də korreeos
hoog 10.3	alto	alto
hooikoorts 13.2	la fiebre del heno	la fjebrə del eeno
horizontaal 7.2	horizontal	oorieSontal
hotel 3.1, 6.7, 7.3	el hotel	el ootel
houdbaar 10.2	conservable	konserbablə
houden van (iets) 2.6, 3.5	gustar	ĝoestar
houden van (iem) 3.9	querer	kerer
hout	la madera	la madera
huid	la piel	la pjel

huilen	llorar	*ljorar*
152	huis *3.1, 3.11*	la casa	*la kasa*
huisdieren *7.1*	los animales domésticos	*los aaniemales domestiekos*
huishoudelijke artikelen *10*	los artículos del hogar	*los artiekoelos del ooĝar*
huisje (vakantie-) *7.3*	el chalet	*el tsjale*
huisvrouw *3.1*	el ama de casa	*el aama də kasa*
hulp *5.6, 14.1*	la ayuda	*la aajoeda*
huren *5.8, 7.2, 12.1*	alquilar	*alkielar*
hut (niet op schip) *7.2*	la cabaña	*la kabanja*
hut (op schip) *6.3*	el camarote	*el kamarotə*
huur (te -)	se alquila	*se alkiela*
huwelijk	el matrimonio	*el matrimonjo*
huwelijk (bruiloft)	la boda	*la boda*
hyperventilatie *13.2*	la hiperventilación	*la ieperventielaSieon*

I

idee *3.7*	la idea	*la iedeea*
identificeren *5.1, 8.1*	identificar	*iedentiefiekar*
identiteitsbewijs *1.8*	el carnet de identidad	*el karnɛ də iedentieda*
iemand	alguien	*alĝjen*
ijs (consumptie-) *4.7*	el helado	*el eelado*
ijsblokjes *4.7*	los cubitos de hielo	*los koebietos de jelo*
ijzer	el hierro	*el jerro*
imperiaal	la baca	*la baka*
in *1.6*	en	*en*
inbegrepen *4.3, 5.8*	incluido	*ienkloe-iedo*
inbraak *14.4*	el robo con fractura	*el robo kon fraktoera*
inchecken *6.5*	facturar	*faktoerar*
inclusief *7.1*	incluido	*ienkloe-iedo*
indrukken *3.2*	apretar	*aapretar*
inenten *13.3*	vacunarse	*bakoenarsə*
infectie (virus-, bacterie-) *13.3*	la infección (vírica, bacteriana)	*la ienfekSieon (bierieka, bakterieana)*
informatie *11.1*	la información	*la ienformaSieon*
inhaalverbod *5.3*	la prohibición de adelantar	*proiebieSieon də adelantar*
inhalen	adelantar	*adelantar*
injectie *13.4*	la inyección	*la ienjekSieon*
inlegkruisje	el protegeslip	*el protecheslieṗ*
inlegzool *10.3*	la plantilla	*la plantieja*
inlichting *6.4*	la información	*la ienformaSieon*

inlichtingenbureau 6.4	la oficina de in-formación	*la oofieSiena də ienformaSieon*
innemen 13.4	tomar	*tomar*
inpakken 10.1	envolver	*enbolber*
insekt 7.4, 13.2	el insecto	*el iensekto*
insektebeet 13.2	la picadura de insecto	*la piekadoera də iensekto*
insgelijks 2.1	igualmente	*ieğoealmentə*
interlokaal 9.2	interurbano	*ienteroerbano*
internationaal 9.2	internacional	*ienternaSieonal*
invalide	el minusválido	*el mienoesbaliedo*
invoerrechten 5.1	los derechos de aduana	*los deretsjos də aadoea-na*
invullen 1.8, 8.1	rellenar	*rejenar*
Italiaans	italiano	*ietaljano*

J

ja 2.3	sí	*sie*
jaar 1.1, 3.1	el año	*el anjo*
jacht (schip) 12.2	el yate	*el jatə*
jachthaven 12.2	el puerto deportivo	*el poe-erto deportiebo*
jam 4.7	la mermelada	*la mermelada*
jammer 2.6	lástima	*lastiema*
januari 1.1	enero	*eenero*
jarig (zijn)	cumplir años	*koemplier anjos*
jas 3.4, 10.3	el abrigo	*el aabrieğo*
jasje 10.3	la chaqueta	*la tsjaketa*
jeugdherberg 7.1	el albergue juvenil	*el alberĝə choebeniel*
jeuk 13.2	la picazón	*la piekaSon*
jodium 13.4	el yodo	*el jodo*
joggen 12.1	hacer footing	*aaSer foetieng*
jongen 3.8	el chico	*el tsjieko*
juli 1.1	julio	*choeljo*
juni 1.1	junio	*choenjo*
jurk 10.3	el vestido	*el bestiedo*
juwelier 10	la joyería	*la chojeriea*

K

kaak 13.5	la mandíbula	*la mandiẹboela*
kaars 10.1	la vela	*la bela*
kaart 5.0	el mapa	*el mapa*
kaartje (voor transport) 6.3	el billete	*el biejetə*

kaartje (toegang) *11.3*	la entrada	*la entrada*
kaas (oude, jonge) *4.7*	el queso (añejo, blando)	*el keso (aanjecho, blando)*
kabeljauw	el bacalao (fresco)	*el bakalao (fresko)*
kakkerlak *7.4*	la cucaracha	*la koekaratsja*
kalfsvlees *4.6*	la carne de ternera	*la karnə də terneera*
kalmeringsmiddel *13.4*	el calmante	*el kalmantə*
kam	el peine	*el peinə*
kamer *7.3*	la habitación	*la aabietaSieon*
kamermeisje *7.3*	la camarera	*la camarera*
kamernummer *7.3*	el número de la habitación	*el noemero de la abietaSieon*
kampeergids *7.2*	la guía de camping	*la giea də kampieng*
kampeerterrein *7.2*	el camping	*el kampieng*
kampeervergunning *7.2*	el permiso de acampar	*el permieso də aa-kampar*
kamperen *7.2*	acampar	*aakampar*
kampvuur *7.2*	la fogata	*la fogata*
kampwinkel *7.2*	la tienda del camping	*la tie-enda del kam-pieng*
kano *12.2*	la piragua	*la piragoea*
kanoën *12.2*	el piragüismo	*el piragoeiesmo*
kant (richting) *5, 6.4*	el lado	*el lado*
kant (stof) *10.1*	el encaje	*el enkachə*
kantoor	la oficina	*la ofieSiena*
kapel *11.1*	la capilla	*la kapieja*
kapot *4.4, 10.4*	roto, estropeado	*roto, estropeeado*
kapper (dames, heren) *10*	la peluquería (de señoras, caballeros)	*la peloekeriea (də senjoras, kabajeros)*
karaf *4.2*	la jarra	*la charra*
kassa *8.2, 10.1*	la caja	*la kacha*
kassabon *8.2, 10.1*	el tíquet, el vale	*el tieke, el baalə*
kasteel *11.1*	el castillo	*el kastiejo*
kat	el gato	*el gato*
kathedraal *11.1*	la catedral	*la katedral*
katoen *10.3*	el algodón	*el algodon*
kauwgum	el chicle	*el tsjieklə*
keel *13.2*	la garganta	*la garganta*
keelpastilles	las pastillas para la garganta	*las pastiejas para la garganta*
keelpijn *13.2*	el dolor de garganta	*el dolor də garganta*
keer *13.4*	la vez	*la beS*
kengetal *9.2*	el prefijo	*el prefiecho*
kentekenbewijs *5.1*	el permiso de circula-ción	*el permieso də Sierkoe-laSieon*

kerk _11.1_	la iglesia	_la ieĝlesiea_
kerkdienst	el servicio religioso	_el serbieSieo reliechjoso_
kerkhof	el cementerio	_el Sementerieo_
kermis	la feria	_la feriea_
kersen (vers)	las cerezas	_las SereSas_
ketting _10.1_	la cadena	_la kadena_
keuken _7.4_	la cocina	_la koSiena_
kies _13.5_	la muela	_la moe-ela_
kiespijn _13.5_	el dolor de muelas	_el dolor də moe-elas_
kiezen	elegir/escoger	_eelechier/eskocher_
kijken	mirar	_mierar_
kilo _10.2_	el kilo	_el kielo_
kilometer	kilómetro(s)	_kielometro(s)_
kilometerteller _5.4_	el cuentakilómetros	_el koe-entakielometros_
kin	la barbilla	_la barbieja_
kind (eigen) _3.1_	el hijo	_el iecho_
kind _11.1, 14_	el niño	_el nienjo_
kinderbedje _7.3_	la camita para niños	_la kamieta para nienjos_
kinderstoel _4.1_	la silla para niños	_la sieja para nienjos_
kinderwagen _7.3_	el cochecito	_el kotsjeSieto_
kiosk _10_	el quiosco	_el kieosko_
kip	el pollo	_el pojo_
klaar _5.6_	listo	_liesto_
klacht (pijn) _13.2_	la molestia	_la molestia_
klacht _5.2, 7.4_	la queja	_la kecha_
klachtenboek _4.4_	el libro de reclamaciones	_el liebro də reklama-Sieones_
klassiek concert	el concierto de música clásica	_el konSie-erto də moesieka klasieka_
kleding _10.3_	la ropa	_la ropa_
kledingstuk _10.3_	la prenda	_la prenda_
kleerhanger _7.3_	la percha	_la pertsja_
klein _10.1_	pequeño	_pekenjo_
kleingeld _8.1_	el dinero suelto	_el dienero soe-elto_
kleinkind _3.1_	el nieto	_el njeto_
kleren _10.3_	la ropa	_la ropa_
kleur	el color	_el kolor_
kleurboek	el libro para colorear	_el liebro para koloreear_
kleuren-tv _7.3_	el televisor color	_el telebiesor kolor_
kleurpotloden	los lápices de colores	_los lapieSes də kolores_
klok _1.3_	el reloj	_el reloch_
klontjes (suiker) _4.2, 10.2_	los terrones de azúcar	_los terronəs də aSoekar_
klooster _11.1_	el convento	_el konbento_
kluis (in hotel) _7.2_	la caja fuerte	_la kacha foe-ertə_

K

kluis (bagage) 5.2	la consigna (auto-mática)	la konsieg̃na (auto-matieka)
kneuzen 13.3	contusionarse	kontoesieonarsə
knie 13.2	la rodilla	la rodieja
kniekousen 10.3	las medias cortas	las medias kortas
knippen 10.5	cortar	kortar
knoop (aan jas)	el botón	el boton
knop(je) 3.2, 5.8	el botón	el boton
knuffelbeest	el animal de peluche	el aaniemal də peloetsjə
koekepan 7.3, 10.1	la sartén	la sarten
koekjes	las galletas	las g̃ajetas
koelkast 7.4	el refrigerador	el refriecherador
koers (geld) 8.1	la cotización	la kotiSaSieon
koffer 5.1, 5.2	la maleta	la maleta
koffie 4.7	el café	el kafe
koffiefilter	el filtro de café	el fieltro də kafe
koffiemelk	la crema para el café	la krema para el kafe
kok 4.5	el cocinero	el koSienero
koken 3.8	cocinar	koSienar
komen 3.1	venir	benier
komkommer	el pepino	el pepieno
koning	el rey	el rei
koningin	la reina	la reina
kool	la col	la kol
koorts 13.2	la fiebre	la fjebrə
kopen 11.1	comprar	komprar
koper (metaal)	el cobre	el kobrə
kopie 9.1	la copia	la kopja
kopieerapparaat 9.1	la fotocopiadora	la fotokopieadora
kopje 4.2	la taza	la taSa
kort 10.5	corto	korto
korting 10.1	el descuento	el deskoe-ento
kortsluiting 7.3	el cortocircuito	el kortoSierkoe-ieto
kostbaar 14.2	costoso	kostoso
kostuum 10.3	el traje	el trachə
kotelet 4.6, 10.2	la chuleta	la tsjoeleta
kotszakje 6.5	bolsita para el mareo	bolsieta para el mareeo
koud 1.5, 4.4	frío	frieo
kousen 10.3	las medias	las medias
kraan 7.4	el grifo	el g̃riefo
kraanwater 7.2	el agua de grifo	el aag̃oea də g̃riefo
krab 4.6	el cangrejo	el kang̃grecho
krampen in buik 13.2	los retortijones	los retortiechones
krampen in spieren	los calambres (en los músculos)	los kalambres (en los moeskoelos)

krant	el periódico	*el perieodieko*
kreeft 4.6	la langosta	*la langosta*
krik 5.6	el gato	*el gato*
kropsla 4.6, 10.2	la lechuga	*la letsjoega*
kruiden 4.2	los condimentos	*los kondiementos*
kruidenier 10	la tienda de comesti-bles	*la tie-enda də komestie-bles*
kruidenthee 4.7	la infusión	*la ienfoesieon*
kruier 5.2	el mozo de cuerda	*el moSo də koe-erda*
kruik	la bolsa de agua caliente	*la bolsa də aagoea kaljentə*
kruising, kruispunt 5.3	el cruce	*el kroeSə*
krullend 14.5	rizado	*rieSado*
kubieke meter	metro(s) cúbico(s)	*metro(s) koebieko(s)*
kunst 10.1, 11.1	el arte	*el artə*
kunstgebit 13.5	la dentadura postiza	*la dentadoera postieSa*
kunstmatige ademhaling 14.3	la respiración artificial	*la respieraSieon artiefieSieal*
kunstnijverheid	la artesanía	*la artesaniea*
kurketrekker 10.1	el sacacorchos	*el sakakortsjos*
kus 3.9	el beso	*el beso*
kussen (ww) 3.9	besar	*besar*
kussen (het) 7.3, 7.4	la almohada	*la almoada*
kussensloop 7.4	la funda de almohada	*la foenda də almoada*
kussentje	el cojín	*el kochien*
kuur 13.4	la cura	*la koera*
kwal 12.2, 13.2	la medusa	*la medoesa*
kwalijk nemen 2.5	tomar a mal	*tomar aa mal*
kwart 1.4	la cuarta parte	*la koearta partə*
kwartier 1.3	el cuarto de hora	*el koearto də oora*
kwijt 14.6	perdido	*perdiedo*
kwitantie 5.6, 8.2	el recibo	*el reSiebo*

L

laag 10.3	bajo	*bacho*
laat 1.3	tarde	*tardə*
laatste 6.4	último	*oeltiemo*
lachen 3.9	reír	*ree-ier*
laken 7.3	la sábana	*la sabana*
lamp 7.4	la lámpara	*la lampara*
land	el país	*el paies*
landen 6.5	aterrizar	*aterrieSar*
landkaart 5.0	el mapa	*el mapa*

landnummer 9.2	el indicativo del país	*el iendiekatiebo del paaies*
lang 10.5	largo	*largo*
langlaufen 12.3	el esquí de fondo	*el eskie də fondo*
langlaufloipe 12.3	la pista de esquí de fondo	*la piesta də eskie də fondo*
langzaam 6.7	despacio	*despaSieo*
last 13.2	la molestia	*la molestiea*
lawaai 7.4	el ruido	*el roe-iedo*
lawine 12.3	el alud	*el aaloe*
laxeermiddel 13.4	el laxante	*el laksantə*
lederwaren 10.1	los artículos de piel	*los artiekoelos də pjel*
leeftijd 11.2	la edad	*la eeda*
leeg	vacío	*baSieo*
leer 10.3	la piel, el cuero	*la pjel, el koe-ero*
leidingwater 7.2	el agua de grifo	*el aaĝoea də ĝriefo*
lek (van band) 5.6	pinchado	*pientsjado*
lekker 4.5	delicioso	*delieSieoso*
lelijk 11.1	feo	*feo*
lenen 14.6	prestar	*prestar*
lens 10.4	el objetivo	*el obchetiebo*
lente 1.1	la primavera	*la priemabera*
lepel 4.2	la cuchara	*la koetsjara*
lepel (vol) 13.4	la cucharada	*la koetsjarada*
les 12.1	la clase	*la klasə*
leuk vinden 3.1	gustar	*ĝoestar*
leuk 2.6, 3.8, 10.1	bonito, mono	*bonieto, mono*
levensmiddelen 10.2	los víveres	*los bieberes*
lezen 3.5	leer	*lee-er*
lichaam	el cuerpo	*el koe-erpo*
licht (tabak)	rubio	*roebjo*
licht (niet donker)	claro	*klaro*
licht (niet zwaar)	ligero	*liechero*
lidmaatschap 11.2	el ser socio	*el ser soSieo*
lief 3.8	bueno	*boe-eno*
liefde 3.9	el amor	*el amor*
liegen	mentir	*mentier*
liever hebben	preferir	*preferier*
lift (stoeltjes-) 12.3	el telesquí, el telesilla	*el teleskie, el telesieja*
lift (met auto) 5.9	el viaje (en autostop)	*el bjachə (en autostop)*
lift (in gebouw) 7.3	el ascensor	*el aSensor*
liften 5.9	hacer autostop	*aaSer autostop*
liggen 13.3	estar tumbado	*estar toembado*
ligstoel 12.2	la tumbona	*la toembona*

lijm	la cola	*la kola*
lijn	la línea	*la lienea*
limonade 4.6, 10.2	la limonada	*la liemonada*
links 1.6	izquierda	*ieSkie-erda*
linksaf 5.0	a la izquierda	*aa la ieSkie-erda*
linnen 10.3	el lino	*el lieno*
linzen 4.6, 10.2	las lentejas	*las lentechas*
lippenstift	la barra de labios	*la barra də labjos*
liter 5.5	el litro	*el lietro*
literatuur	la literatura	*la lieteratoera*
loge 11.3	el palco	*el palko*
logeren 3.1	alojarse	*aalocharsə*
loket 9.1	la ventanilla	*la bentanieja*
longen 13.2	los pulmones	*los poelmones*
loodvrij 5.5	sin plomo	*sien plomo*
loopski's 12.3	los esquís de fondo	*los eskies də fondo*
lopen 3.7	ir (andando)	*ier (andando)*
lotion 10.5	la loción	*la loSieon*
LPG 5.5	GLP #	*che-ellə-pe*
luchtbed 7.2	el colchón neumático	*el koltsjon ne-oematieko*
luchthaven 6.5	el aeropuerto	*el a-eropoe-erto*
luchtpost/per .. 9.1	el correo aéreo/vía aérea	*el korreo a-ereo/biea aerea*
lucifers 4.2	las cerillas	*las Seriejas*
luier	el pañal	*el panjal*
luisteren	escuchar	*eskoetsjar*
lukken 2.6	salir bien	*salier bjen*
lunch 7.3, 13.4	el almuerzo, la comida	*el almoe-erSo, la komieda*
lunchpakket 7.3	el paquete con boca-dillos	*el paketə kon bokadie-jos*
lusten 2.6	gustar	*ĝoestar*

M

maag 13.2	el estómago	*el estomaĝo*
maag- en darmstoornis 13.2	el trastorno estomacal e intestinal	*el trastorno estomakal ee ientestienal*
maagpijn 13.2	el dolor de estómago	*el dolor də estomaĝo*
maal (keer) 13.4	la vez	*la beS*
maaltijd 13.4	la comida	*la komieda*
maand 1.1	el mes	*el mes*
maandag 1.1	el lunes	*el loenes*
maandverband	la compresa	*la kompresa*

maart *1.1*	marzo	*marSo*
160 maat (schoenen) *10.3*	el número	*el noemero*
maat (kleding) *10.3*	la talla	*la taja*
macaroni	los macarrones	*los makarrones*
mager	flaco	*flako*
maillot *10.3*	el leotardo	*el leeotardo*
maïs *4.6, 10.2*	el maíz	*el ma-ieS*
maïzena *10.2*	la maicena	*la ma-ieSena*
maken (foto) *3.2*	sacar	*sakar*
mals *4.2*	tierno	*tie-erno*
man (echtgenoot) *3.1*	el marido	*el mariedo*
man	el hombre	*el ombrə*
manchetknopen *10.3*	los gemelos	*los chemelos*
mandarijn	la mandarina	*la mandariena*
manege	el picadero	*el piekadero*
manicure *10.5*	la manicura	*la maniekoera*
margarine	la margarina	*la marĝariena*
markt *10*	el mercado	*el merkado*
marmer	el mármol	*el marmol*
massage *10.5*	el masaje	*el masachə*
mat (foto) *10.4*	mate	*matə*
maximumsnelheid *5.3*	la velocidad máxima	*la beloSieda maksiema*
mayonaise *4.2, 10.2*	la mayonesa	*la majonesa*
medicijn *13.3, 13.4*	el medicamento, la medicina	*el mediekamento, la medieSiena*
meel *10.2*	la harina	*la ariena*
meer (het)	el lago	*el laĝo*
meestal *3.1*	por lo general	*por lo cheneral*
mei *1.1*	mayo	*majo*
meisje *3.8*	la chica	*la tsjieka*
melk *4.7*	la leche	*la letsjə*
meloen	el melón	*el melon*
meneer *2.1*	señor	*senjor*
menstruatie *13.3*	la menstruación	*la menstroeaSieon*
menu *4.1*	el menú	*el menoe*
menukaart *4.2*	la carta	*la karta*
mes *4.2*	el cuchillo	*el koetsjiejo*
metaal	el metal	*el metal*
meter (100 cm)	metro(s)	*metro(s)*
meter (in taxi) *6.7*	el taxímetro	*el taksiemetro*
metro *6.1*	el metro	*el metro*
metronet *6.4*	la red de metro	*la re də metro*
metrostation *6.1*	la estación de metro	*la estaSieon də metro*
mevrouw *2.1*	señora	*senjora*

middags ('s) *1.1*	por la tarde	*por la tardə*
middel (manier)	el remedio	*el remedieo*
midden (in het -) *1.6, 6.3,* *11.3*	en el centro/medio	*en el Sentro/medieo*
mier *7.4*	la hormiga	*la ormieɣa*
migraine *13.2*	la jaqueca	*la chakeka*
millimeter	milímetro(s)	*mieliemetro(s)*
minder	menos	*menos*
mineraalwater *4.7*	el agua mineral	*el aaɣoea mieneral*
minuut *1.3*	el minuto	*el mienoeto*
mis (zn)	la misa	*la miesa*
misschien *2.3, 3.7*	quizá	*kieSa*
misselijk *13.2*	con náuseas	*kon nauseeas*
missen *3.9*	echar de menos	*etsjar də menos*
mist *3.4*	la niebla	*la njebla*
misten *1.5*	haber niebla	*aaber njebla*
misverstand *14.6*	el malentendido	*el malentendiedo*
mode *10.1*	la moda	*la moda*
moderne kunst *11.1*	el arte moderno	*el artə moderno*
moeder *3.1*	la madre	*la madrə*
moeilijkheid *14*	la dificultad	*la diefiekoelta*
moeras	el terreno pantanoso	*el terreno pantanoso*
moersleutel *5.6*	la llave de tuercas	*la ljabə də toe-erkas*
mokka	el moca	*el moka*
molen	el molino	*el molieno*
moment *9.2*	el momento	*el momento*
mond *13.3*	la boca	*la boka*
montuur	la montura	*la montoera*
mooi *1.5, 2.6, 3.8*	bonito	*bonieto*
morgen *1.1, 2.1, 3.1, 3.9*	mañana	*manjana*
morgens ('s) *1.1*	por la mañana	*por la manjana*
morning-after-pil *13.2*	la píldora para el día después	*la pieldora para el diea despoe-es*
moskee *11.1*	la mezquita	*la meSkieta*
mosselen *4.6, 10.2*	los mejillones	*los mechiejonəs*
mosterd *4.2, 10.2*	la mostaza	*la mostaSa*
motel *7.3*	el motel	*el motel*
motorboot *12.2*	la lancha motora	*la lantsja motora*
motorcrossen	el motocrós	*el motokros*
motorfiets *5*	la moto	*la moto*
motorkap *5.4*	el capó	*el kapo*
motorpech *5.6*	la avería	*la aberiea*
mug *7.4*	el mosquito	*el moskieto*
muggenolie	el aceite para los mosquitos	*el aaSeitə para los moskietos*

M

muis *7.4*	el ratón	*el raton*
museum *11.1*	el museo	*el moeseeo*
musical *11.2*	la comedia musical	*la komediea moesiekal*
muts *10.3*	el gorro	*el ḡorro*
muziek *3.5*	la música	*la moesieka*

N

na	después de	*despoe-es də*
naaigaren *10.1*	el hilo de coser	*el ielo de koser*
naakt *12.2*	desnudo	*desnoedo*
naaktstrand *12.2*	la playa nudista	*la plaja noediesta*
naald *3.5*	la aguja	*la aaḡoecha*
naam (voornaam) *1.8, 3.1, 11.3*	el nombre	*el nombrə*
naam (achternaam) *1.8*	el apellido	*el aapejiedo*
naast *1.6*	al lado de	*al lado də*
nacht *7.1*	la noche	*la notsjə*
nachtclub *11.2*	la boîte	*la boeat*
nachtdienst *13.1*	la guardia nocturna	*la ḡoeardiea noktoerna*
nachtleven *11.2*	la vida nocturna	*la bieda noktoerna*
nagel	la uña	*la oenja*
nagellak	el esmalte (para uñas)	*el esmaltə (para oenjas)*
nagellakremover	el quitaesmalte	*el kietaaesmaltə*
nagelschaartje	las tijeras de uñas	*las tiecheras də oenjas*
nagelvijl	la lima (para uñas)	*la liema (para oenjas)*
nat	mojado	*mochado*
nat (regenachtig) *3.4*	lluvioso	*ljoebjoso*
nationaliteit *1.8*	la nacionalidad	*la naSieonaliedə*
naturisme *12.2*	el naturismo	*el natoeriesmo*
natuur *11.1*	la naturaleza	*la natoeraleSa*
natuurlijk *2.3*	claro	*klaro*
Nederland	los Países Bajos (Holanda)	*los paaiesos bachos (olanda)*
Nederlander *3.1*	el neerlandés (holandés)	*el neerlandes (olandes)*
Nederlandse *3.1*	la neerlandesa (holandesa)	*la neerlandesa (olandesa)*
nee *2.3*	no	*no*
neef	el primo	*el priemo*
neefje	el sobrino	*el sobrieno*
negatief (foto) *10.4*	el negativo	*el neḡatiebo*
nek *13.2*	la nuca	*la noeka*
nergens *1.6*	en ninguna parte	*en nienḡḡoena partə*

neus *13.2*	la nariz	*la nari̯eS*
neusdruppels	las gotas para la nariz	*las g̱otas para la nari̯eS*
nicht	la prima	*la pri̱ema*
nichtje	la sobrina	*la sobri̯ena*
niemand *2.3*	nadie	*nadi̯e-e*
niets *2.3*	nada	*nada*
nieuw	nuevo	*noe-e̱bo*
nieuws	las noticias	*las noti̯eSi̯eas*
nodig	necesario	*neSesari̯eo*
non-stop *6.1*	sin escalas	*sien eskalas*
noodrem *6.6*	el freno de emergencia	*el fre̱no də eemer-chenSja*
nooduitgang *7.3, 14.1*	la salida de emergencia	*la sali̯eda də eemer-chenSi̯ea*
noodvulling *13.5*	el empaste provisional	*el empastə probi̯esi̯eo-nal*
noodzakelijk *3.1*	necesario	*neSesari̯eo*
nooit	jamás/nunca	*chamas/no̱enka*
noord *1.6*	el norte	*el nortə*
nootmuskaat *10.2*	la nuez moscada	*la noe-eS moska̱da*
norit *10.1*	norit/carbón	*nori̯et/karbo̱n*
normaal *5.5*	normal	*normal*
noten (gemengd) *4.7*	los frutos secos	*los fro̱etos se̱kos*
november *1.1*	noviembre	*nobi̯embrə*
nummer *9.2*	el número	*el no̱emero*
nummerbord *5.4*	la matrícula	*la matri̯eko̱ela*

O

ober *4.2*	el camarero	*el kamarero*
ochtendjas *10.3*	la bata	*la ba̱ta*
oesters *4.6*	las ostras	*las o̱stras*
oever	la orilla	*la ori̯eja*
ogenblik *2.3, 6.7*	el momento	*el momento*
oktober *1.1*	octubre	*okto̱ebrə*
olie *5.5, 10.2*	el aceite	*el aaS̱eitə*
olie verversen *5.6*	cambiar el aceite	*kambi̯ar el aaS̱eitə*
oliepeil *5.5*	el nivel del aceite	*el ni̱ebel del aaS̱eitə*
olijfolie *4.2, 10.2*	el aceite de oliva	*el aaS̱eitə də oli̱eba*
olijven *4.6, 10.2*	las aceitunas	*las aaSeito̱enas*
oma *3.1, 14.5*	la abuela	*la aaboe-e̱la*
omelet *4.7*	la tortilla	*la torti̱eja*
omgeving *11.1*	los alrededores	*los alrededo̱res*
onbeleefd *4.4*	descortés/maleducado	*deskortes̱/maledoeka̱do*

onder *1.6, 6.3*	abajo, debajo de	*aabacho, debacho də*
onderbroek *10.3*	los calzoncillos	*los kalSonSiejos*
onderdeel *5.6*	la pieza de recambio	*la pjeSa də rekambjo*
ondergoed *10.3*	la ropa interior	*la ropa ienterieor*
onderjurk *10.3*	la combinación	*la combienaSieon*
ondertekenen *7, 8.1*	firmar	*fiermar*
ondertiteld *11.2*	subtitulada	*soeptietoelada*
onderweg *5.0*	en el camino	*en el kamieno*
onderzoeken (medisch) *13.3*	reconocer	*rekonoSer*
ondiep *12.2*	poco profundo	*poko profoendo*
ongedierte *7.4*	los bichos	*los bietsjos*
ongelijk (niet vlak) *7.2*	desigual	*desiegoeal*
ongeluk *14.1*	el accidente	*el akSiedentə*
ongerust *14.5*	inquieto	*ienkie-eto*
ongesteld (zijn) *13.3*	tener la regla/el período	*tener la regla/el perieo-do*
ongetrouwd *1.8*	soltero	*soltero*
ongeveer	más o menos	*mas oo menos*
onkosten	los gastos	*los gastos*
onmiddellijk *14.1*	inmediatamente	*ienmedjatamentə*
onmogelijk *2.3*	imposible	*iemposieblə*
ons (100 g) *10.2*	los cien gramos	*los Sie-en gramos*
onschuldig *14.6*	inocente	*ienoSentə*
ontbijt *7.3, 13.4*	el desayuno	*el desajoeno*
ontbreken *4.4, 5.2*	faltar	*faltar*
ontharingscrème	la crema depilatoria	*la krema depielatoriea*
ontlasting *13.3*	las heces	*las eeSes*
ontmoeten (tegenkomen) *3.1*	encontrar	*enkontrar*
ontmoeten (leren kennen) *3.1*	conocer	*konoSer*
ontruimen *7.5*	desalojar	*desalochar*
ontsmettingsmiddel *10.1, 13.4*	el desinfectante	*el desienfektantə*
ontsteking *13.3*	la inflamación	*la ienflamaSieon*
ontwikkelen *10.4*	revelar	*rebelar*
ontzettend *2.6, 7.4*	terrible	*terrieblə*
onweer *1.5*	la tormenta	*la tormenta*
onzin *2.6*	tontería(s)	*tonteriea(s)*
oog *3.9*	el ojo	*el ocho*
oogarts *13*	el oculista	*el okoeliesta*
oogdruppels	las gotas para los ojos	*las gotas para los oochos*
oogschaduw	la sombra de ojos	*la sombra də oochos*

oor (buitenkant) *13.2*	la oreja	*la oreᴄha*
oor (binnenkant) *13.2*	el oído	*el ooiedo*
oorarts *13*	el médico de oídos	*el meedieko də o-iedos*
oorbellen *10.1*	los pendientes	*los pendjentes*
oordruppels *13.4*	las gotas para los oídos	*las ̮gotas para los ooiedos*
oorpijn *13.2*	el dolor de oído	*el dolor də ooiedo*
oost *1.6*	el este	*el estə*
op *1.6*	sobre	*sobrə*
opa *3.1, 14.5*	el abuelo	*el aaboe-elo*
opbellen *3.11, 9.2*	llamar por teléfono	*ljamar por telefono*
open *11.1*	abierto	*aabjerto*
openen *5.1*	abrir	*aabrier*
opera *11.2*	la ópera	*la oopera*
opereren *13.3*	operar	*ooperar*
operette *11.2*	la opereta	*la oopereta*
opgravingen *11.1*	las excavaciones	*las ekskabaSieones*
ophalen *3.10, 11.3*	pasar a buscar, (pasar a) recoger	*pasar aa boeskar, (pasar aa) rekocher*
oplichting *14.6*	la estafa	*la estafa*
opnieuw	de nuevo	*də noe-ebo*
oponthoud *6.4*	el retraso	*el retraso*
oprit *5.9*	la entrada	*la entrada*
opruimen	recoger	*rekocher*
opruiming *10.1*	la liquidación	*la liekiedaSieon*
opschrijven	apuntar	*aapoentar*
optelling *4.4*	la suma	*la soema*
opticien *10*	la óptica	*la optieka*
opzoeken	buscar	*boeskar*
oranje	naranja	*narancha*
orde (in -, opgeruimd)	en orden, ordenado	*en orden*
orkaan *1.5*	el huracán	*el oerakan*
oud *3.1*	viejo	*bjecho*
oude stad *11.1*	el casco antiguo	*el kasko antie̮goeo*
ouders *3.1*	los padres	*los padres*
overal *1.6*	en todas partes	*en todas partes*
overdag	de día	*də diea*
overgeven *13.2*	vomitar	*bomietar*
overhemd *10.3*	la camisa	*la kamiesa*
overkant	el otro lado	*el otro lado*
overmorgen *1.1*	pasado mañana	*pasado manjana*
overstappen *6.1, 6.4*	hacer trasbordo	*aaSer trasbordo*
oversteken	cruzar la calle	*kroeSar la kajə*
overstroming *14.3*	la inundación	*la ienoendaSieon*

overtocht	la travesía	*la trabesi̯a*
overval *14.6*	el asalto	*el aas̲alto*

P

paard	el caballo	*el kab̲ajo*
paardrijden	montar a caballo	*mont̲ar aa kab̲ajo*
paars	violeta	*bjol̲eta*
paddestoelen *4.6, 10.2*	las setas	*las s̲etas*
pagina *9.1*	la página	*la p̲achi̯ena*
pak *10.3*	el traje	*el tr̲achə*
pak(ket)je *9.1, 10.2*	el paquete	*el pak̲ete*
paleis *11.1*	el palacio	*el pal̲aSi̯eo*
paling *4.6*	la anguila	*la aṉǵi̯ela*
pan *7.3, 10.1*	la cacerola	*la kaS̲erola*
pannekoek (flensje) *4.6*	la crepe	*la kr̲epə*
panty *10.3*	el panty	*el p̲antie*
papier	el papel	*el pap̲el*
papieren zakdoekjes	los pañuelitos de papel	*los panj̲oe-eli̯etos də p̲apel*
paprika	el pimiento	*el pi̯emj̲ento*
paraplu	el paraguas	*el par̲aǵoeas*
parasol	el quitasol	*el ki̯etas̲ol*
pardon *2.5, 3.2*	perdone	*perd̲onə*
parfum *10.1*	el perfume	*el perf̲oemə*
park	el parque	*el p̲arkə*
parkeergarage	el parking	*el p̲arki̯eṉ*
parkeerplaats	el sitio para aparcar	*el si̯et̲ieo p̲ara apark̲ar*
parkeren *7.2*	aparcar	*aapark̲ar*
parlementsgebouw	la cámara de diputados	*la k̲amara də di̯epoet̲ados*
partner *3.1*	la pareja	*la par̲echa*
pasfoto *12.3*	la foto de carnet	*la f̲oto də karn̲e*
paskamer *10.3*	el probador	*el probad̲or*
paspoort *1.8, 5.1, 8.1*	el pasaporte	*el pasap̲ortə*
passagier *6.1*	el pasajero	*el pasach̲ero*
passen (kleding) *10.3*	probarse	*prob̲arsə*
patat-frites *4.6*	las patatas fritas (a la francesa)	*las pat̲atas fri̯etas (a la franS̲esa)*
patiënt *13.2*	el paciente	*el paSi̯e-̲entə*
pauze *11.2*	la pausa	*la p̲ausa*
pech (met auto) *5.6*	la avería	*la aab̲eri̯ea*
pedaal *5.4*	el pedal	*el ped̲al*
pedicure *10.5*	la pedicura	*la pedi̯ek̲oera*

peer	la pera	*la pera*
pen	la pluma	*la ploema*
penis *13.2*	el pene	*el penə*
pensioen *3.1*	la jubilación	*la choebielaSieon*
pension *7.3*	la pensión	*la pensieon*
peper *4.2, 10.2*	la pimienta	*la piemjenta*
permanent (haar) *10.5*	la permanente	*la permanentə*
permanenten *10.5*	hacer una permanente	*aaSer oena permanentə*
perron *6.6*	el andén	*el andenə*
persoon *4.1, 7.2*	la persona	*la persona*
persoonlijk *5.1*	personal	*personal*
perzik	el melocotón	*el melokoton*
peterselie	el perejil	*el perechiel*
petroleum *7.2*	el queroseno	*el keroseno*
picknick	el picnic	*el piekniek*
pier	el muelle	*el moe-ejə*
pijl *5.0*	la flecha	*la fletsja*
pijn *13.2, 13.5*	el dolor	*el dolor*
pijnstiller *13.4*	el analgésico	*el aanalchesieko*
pijp *10.1*	la pipa	*la piepa*
pijptabak	el tabaco de pipa	*el tabako də piepa*
pikant *4.2*	picante	*piekantə*
pil, (anticonceptie-) *13.3*	la píldora (anticon- ceptiva)	*la pieldora (an- tiekonSeptieba)*
pincet	los alicates	*los aaliekates*
pinda's *10.2*	los cacahuetes	*los kakaoe-etes*
plaats (plek) *7.2*	el sitio	*el sietieo*
plaats (zit-) *4.1, 6.1*	el asiento	*el aasie-ento*
plaatselijk *13.6*	local	*lokal*
plaatskaarten *11.2*	los billetes	*los biejetes*
plakband	la celo	*la Selo*
plakken (band) *5.6*	arreglar el pinchazo	*arreğlar el pientsjaSo*
plan *3.7*	el plan	*el plan*
plant	la planta	*la planta*
plastic	el plástico	*el plastieko*
plattegrond *11.1*	el plano	*el plano*
platteland	el campo	*el kampo*
plein	la plaza	*la plaSa*
pleisters	las tiritas, los espara- drapos	*las tierietas, los espara- drapos*
plezier *2.1*	la diversión	*la diebersieon*
poedermelk *10.2*	la leche en polvo	*la letsjə en polbo*
poes	el gato	*el ğato*
politie *14.1*	la policía	*la polieSiea*

politiebureau *14.1*	la comisaría	*la komiesariea*
168 pols *13.2*	la muñeca	*la moenjeka*
pond *10.2*	el medio kilo	*el medieo kielo*
pont	el transbordador	*el transbordador*
pony (paard)	el poney	*el ponei*
pony (kapsel) *10.5*	el flequillo	*el flekiejo*
pop	la muñeca	*la moenjeka*
popconcert *11.2*	el concierto pop	*el konSie-erto pop*
port (wijn) *4.2, 10.2*	el oporto	*el oporto*
portefeuille *14.2*	la cartera	*la kartera*
portemonnee *14.2*	el monedero	*el monedero*
portie *4.2*	la ración	*la raSieon*
portier (man) *7.3*	el portero	*el portero*
porto *9.1*	el franqueo	*el frankeo*
post (PTT) *9.1*	el correo	*el korreeo*
postbode *9.1*	el cartero	*el kartero*
postcode *1.8*	el código postal	*el kodiego postal*
postkantoor *9.1*	la oficina de Correos	*la oofieSiena də korreeos*
postpakket *9.1*	el paquete postal	*el paketə postal*
postpapier	el papel carta	*el papel karta*
postzegel *9.1*	el sello	*el sejo*
potlood (hard/zacht)	el lápiz (duro/blando)	*el lapieS (doero/blando)*
praatpaal *5.6*	el teléfono de emergencia	*el telefono də eemerchenSiea*
prachtig *3.8*	magnífico	*mağniefieko*
praten	hablar	*aablar*
prei	el puerro	*el poe-erro*
pretpark *11*	el parque de atracciones	*el parkə də aatrakSieones*
prijs *4.3, 8.2*	el precio	*el preSieo*
prijslijst *4.3*	la lista de precios	*la liesta də preSieos*
probleem *3.9*	el problema	*el problema*
proces-verbaal *14.6*	el atestado	*el aatestado*
proeven *10.1*	probar	*probar*
programma *11.1*	el programa	*el programa*
proost *3.2, 4.2*	salud	*saloe*
provisorisch *13.5*	provisional(mente)	*probiesieonal(mentə)*
pruim	la ciruela	*la Sieroe-ela*
pudding *4.6*	el pudín	*el poedien*
puur *4.2*	puro	*poero*
puzzel	el rompecabezas	*el rompəkabeSas*
pyjama	el pijama	*el piechama*

raam (in trein enz) 6.3	la ventanilla	*la bentanieja*
raam 4.1	la ventana	*la bentana*
radio 7.4	la radio	*la radieo*
radio- en t.v.-gids	la guía de radio y televisión	*la ğiea də radieo ie telebiesieon*
rauw 4.2	crudo	*kroedo*
rauwkost 4.6	las verduras crudas	*las berdoeras kroedas*
recept 13.4	la receta	*la reSeta*
recht (jur)	el derecho	*el deretsjo*
rechtdoor 1.6	todo recto	*todo rekto*
rechthoek	el rectángulo	*el rektanğoelo*
rechts 1.6	derecha	*deretsja*
rechtsaf	a la derecha	*aa la deretsja*
rechtstreeks 6.4	directo	*dierekto*
reçu 5.2	el recibo	*el reSiebo*
reductie 11.1	el descuento	*el deskoe-ento*
reformwinkel 10	la tienda naturista	*la tie-enda natoeriesta*
regen 3.4	la lluvia	*la ljoebja*
regenen 1.5	llover	*ljober*
regenjas	el impermeable	*el iempermeeablə*
reis 2.1	el viaje	*el bjachə*
reisbureau 6.4	la agencia de viajes	*la achenSiea də bieaches*
reischeque 8.2	el cheque de viaje	*el tsjekə də bjachə*
reisgids	la guía	*la ğiea*
reisleider 6.4	el guía	*el ğiea*
reizen 3.5, 13.3	viajar	*bjachar*
reiziger 6.1	el pasajero	*el pasachero*
rekening 4.3, 5.6, 8.2	la cuenta	*la koe-enta*
rem 5.4	el freno	*el freno*
remolie 5.4	el líquido de frenos	*el liekiedo də frenos*
remvloeistof 5.5	el líquido de frenos	*el liekiedo də frenos*
reparatie 5.6	el arreglo	*el arreğlo*
repareren 5.6, 10.3, 13.5	arreglar	*arreğlar*
reserve 5.6	la reserva	*la reserba*
reserve-onderdelen 5.6	las piezas de recambio	*las pie-eSas de rekambjo*
reserveband 5.6	el neumático de reserva	*el ne-oematieko də reserba*
reserveren 4.1, 6.3, 7.1, 11.3	reservar	*reserbar*

reservewiel 5.4	la rueda de recambio	la roe-eda də rekambjo
restaurant 4.1	el restaurante	el restaurantə
restauratiewagen 6.6	el coche restaurante	el kotsjə restaurantə
retour (kaartje) 6.3	el billete de ida y vuelta	el biejetə də ieda ie boe-elta
reumatiek 13.3	el reuma	el re-oema
richting 6.7	la dirección	la dierekSieon
richtingaanwijzer 5.6	el intermitente	el ientermietente
riem (kleding) 10.3	el cinturón	el Sientoeron
rietje 4.2	la pajita	la pachieta
rijbewijs 1.8, 5.8	el permiso de conducir	el permieso də kondoe-Sier
rijden (in auto) 3.7	ir en coche	ier en kotsjə
rijp 10.2	maduro	madoero
rijst	el arroz	el arroS
rijstrook 5.3	el carril	el karriel
rijweg 5.3	la calzada	la kalSada
risico 3.9	el riesgo	el rie-esgo
rits	la cremallera	la kremajera
rivier	el río	el rieo
rode wijn 4.2, 10.2	el vino tinto	el bieno tiento
roeiboot 12.2	el bote de remos	el botə də remos
roerei 4.6	los huevos revueltos	los oe-ebos reboe-eltos
rok 10.3	la falda	la falda
roken 3.6, 6.3	fumar	foemar
rolletje (foto-) 10.4	el rollo	el rojo
rolstoel 11.1	la silla de ruedas	la sieja də roe-edas
rommelmarkt 10	el mercadillo	el merkadiejo
rondleiding 11.1	la visita guiada	la biesieta ĝieada
rondrit 11.1	la excursión, el paseo	la ekskoersieon, el paseo
rondvaartboot 11.1	el barco de excursión	el barko də ekskoersieon
rood	rojo	rocho
rook	el humo	el oemo
rookcoupé 6.3	el departamento de fumadores	el departamento də foemadores
room	la nata	la nata
roomservice 7.3	el servicio en la habitación	el serbieSieo en la aabietaSieon
roos 10.5	la caspa	la kaspa
rosé 4.2, 10.2	el vino rosado	el bieno rosado
rotonde 5.9	la rotonda	la rotonda
rots 12.2	la roca	la roka
route	la ruta	la roeta
rozijnen	las uvas pasas	las oebas pasas

rubber	la goma	*la ğoma*
rug *13.2*	la espalda	*la espalda*
rugzak (klein) *5.1, 5.2*	la mochila	*la motsjiela*
rugzak (groot) *5.1, 5.2*	el macuto	*el makoeto*
ruilen *10.1*	cambiar	*kambjar*
ruïnes *11.1*	las ruinas	*las roeienas*
ruit *5.5*	el cristal	*el kriestal*
ruitenwisser *5.6*	el limpiaparabrisas	*el liempjaparabriesas*
rundvlees	la carne de vaca	*la karnə də baka*
rustig *7.2, 12.2*	tranquilo	*trankielo*

S

s.v.p	por favor	*por fabor*
saai *2.6*	aburrido	*aaboerriedo*
safari *11.1*	el safari	*el safarie*
salade *4.6*	la ensalada	*la ensalada*
salami	el salami	*el salamie*
samen *3.7*	juntos	*choentos*
samenwonen *3.1*	vivir con otra persona	*biebier kon ootra persona*
sap *4.2, 10.2*	el zumo/el jugo	*el Soemo/el choego*
sardines	las sardinas	*las sardienas*
sauna	la sauna	*la sauna*
saus *4.6*	la salsa	*la salsa*
schaar *10.1*	las tijeras	*la tiecheras*
schaatsen	el patinaje sobre hielo	*el patienachə sobrə jelo*
schaduw *7.2*	la sombra	*la sombra*
schakelaar	el interruptor	*el ienterroeptor*
schaken *3.7*	jugar al ajedrez	*choeğar al aachedreS*
scheerapparaat	la afeitadora eléctrica	*la aafeitadora eelektrieka*
scheercrème	la crema de afeitar	*la kremа də aafeitar*
scheerkwast	la brocha de afeitar	*la brotsja də aafeitar*
scheermesjes	las hojas de afeitar	*las oochas də aafeitar*
scheerzeep	el jabón de afeitar	*el chabon də aafeitar*
scheren *10.5*	afeitar	*aafeitar*
schilderij *11.1*	el cuadro	*el koeadro*
schilderkunst *11.1*	la pintura	*la pientoera*
schoen *10.3*	el zapato	*el Sapato*
schoenenwinkel *10*	la zapatería	*la Sapateriea*
schoenmaker *10.3*	el zapatero	*el Sapatero*
schoensmeer *10.3*	la crema de zapatos	*la kremа də Sapatos*
school *3.1*	la escuela	*la eskoe-ela*

schoon *4.4*	limpio	*liempjo*
schoonheidssalon *10*	el salón de belleza	*el salon də bejeSa*
schoonmaken *7.4*	limpiar	*liempjar*
schorpioen *13.2*	el escorpión	*el eskorpjon*
schouder	el hombro	*el ombro*
schouwburg *11.2*	el teatro	*el teatro*
schriftelijk *7.1*	por carta	*por karta*
schrijven *3.11*	escribir	*eskriebier*
schroef *5.6, 10.1*	el tornillo	*el torniejo*
schroevedraaier	el destornillador	*el destorniejador*
schuld *2.5*	la culpa	*la koelpa*
scooter *5.8*	la vespa	*la bespa*
seconde *1.3*	el segundo	*el seğoendo*
september *1.1*	septiembre	*septie-embre*
serveerster *4.1*	la camarera	*la kamarera*
servet *4.2*	la servilleta	*la serbiejeta*
shag *3.6*	el tabaco para liar	*el tabako para liear*
shampoo *10.5*	el champú	*el tsjampoe*
sherry *4.2, 10.2*	el jerez	*el chereS*
show *11.2*	el espectáculo	*el espektakoelo*
sieraden *10.1, 14.2, 14.4*	las alhajas	*las alachas*
sigaar *3.6*	el puro	*el poero*
sigarenwinkel *10*	el estanco	*el estanko*
sigaret *3.6, 5.1*	el cigarrillo	*el Siegariejo*
sinaasappel	la naranja	*la narancha*
sinaasappelsap *4.7*	el zumo de naranja	*el Soemo də narancha*
sjaal *10.3*	el pañuelo	*el panjoe-elo*
ski's *12.3*	los esquís	*los eskies*
skibril *12.3*	las gafas de esquí	*las ğafas də eskie*
skibroek *12.3*	los pantalones de esquiar	*los pantalones də eskjar*
skiën *12.3*	esquiar, el esquí	*eskiear, el eskie*
skileraar *12.3*	el profesor de esquí	*el profesor də eskie*
skiles, -klas *12.3*	la clase de esquiar	*la klasə də eskiear*
skilift *12.3*	el telesquí	*el teleskie*
skipak *3.8*	el traje de esquiar	*el trache də eskiear*
skipas *12.3*	el bono (de remontes/ esquí)	*el bono (de remontes/ eskie*
skipiste *12.3*	la pista de esquí (alpino)	*la piesta də eskie (alpieno)*
skischoenen *12.3*	las botas de esquí	*las botas də eskie*
skistok *12.3*	el bastón de esquí	*el baston də eskie*
skiwas *12.3*	la cera para esquí	*la Sera para eskie*
slaappillen *13.4*	los somníferos	*los somnieferos*

slaapwagen 6.3	el coche cama	*el kotsjə kama*
slagader 13.2, 14.3	la arteria	*la arteriea*
slager 10	la carnicería	*la karnieSeriea*
slagroom (stijf)	el chantilly	*el tsjantiejie*
slagroom	la nata para batir	*la nata para batier*
slang 13.2	la serpiente	*la serpjentə*
slaolie 10.2	el aceite	*el aaSeitə*
slapen 6.1, 7.4	dormir	*dormier*
slecht 1.5, 2.6, 9.2	mal, malo	*mal, malo*
slee 12.3	el trineo	*el trieneeo*
sleepkabel 5.6	el cable de remolque	*el kablə də remolkə*
slepen 5.6	remolcar	*remolkar*
sleutel(tje) 5.6, 7.3	la llave	*la ljabə*
sleutelbeen 13.2	la clavícula	*la klabiekoela*
slijter 10	la bodega, la tienda de vinos y licores	*la bodeğa, la tie-endə də bienos ie liekores*
slipje 10.3	el slip	*el esliep*
slof (sigaretten)	el cartón	*el karton*
slot 7.4	la cerradura	*la Serradoera*
sluiter 10.4	el obturador	*el obtoeradᴐr*
smerig 4.4, 7.4	sucio	*soeSieo*
smoking	el esmóquin	*el esmokien*
sneeuw 1.5, 3.4	la nieve	*la njebə*
sneeuwen 1.5, 3.4	nevar	*nebar*
sneeuwketting 5.6, 10.1	la cadena antideslizan-te	*la kadena antiedeslie-Santə*
snel 3.9, 4.2, 13.1	rápido	*rapiedo*
sneltrein 6.6	el tren rápido	*el tren rapiedo*
snelweg 5.3	la autopista	*la autopiesta*
snijden 13.2	cortar	*kortar*
snoep(goed)	las golosinas	*las ğolosienas*
snoepje	el caramelo	*el karamelo*
snorkel 12.2	el esnórquel	*el esnorkel*
soep 4.6	la sopa	*la sopa*
sokken 10.3	los calcetines	*los kalSetienes*
soms 3.1	a veces	*aa beSes*
soort 4.2	la clase	*la klasə*
sorbet 4.6	el sorbete	*el sorbetə*
sorry 2.5	perdón	*perdon*
souvenir 5.1	el recuerdo de viaje	*el rekoe-erdo də bjachə*
Spaans	español	*espanjol*
spaghetti	los espaguetis	*los espağetis*
specialist 13.3	el especialista	*la espeSiealiesta*
specialiteit 4.2	la especialidad	*la espeSiealiedaa*

speelgoed	los juguetes	los choeǵetes
speelkaarten	los naipes	los najpes
speeltuin 7.2, 11.1	el parque infantil	el parke ienfantiel
speen (op fles)	la tetina	la teetiena
speen (fop-)	el chupete	el tsjoepetə
spek	el tocino	el toSieno
speld	el alfiler	el alfieler
spelen 3.8, 11.2	jugar	choeǵar
spellen 1.9	deletrear	deletreear
spelletje	el juego	el choe-eǵo
spiegel	el espejo	el especho
spiegelei 4.6	el huevo al plato	el oe-ebo al plato
spier verrekken 13.3	distender un músculo	diestender oen moeskoe-lo
spier	el músculo	el moeskoelo
spijker 10.1	el clavo	el klabo
splinter 13.2	la astilla	la astieja
spoed 6.4, 9.2, 14.1	la prisa	la priesa
spoor (perron) 6.1	la vía	la biea
spoorboekje 6.6	la guía de trenes	la ǵiea də trenəs
spoorwegen 6.6	los ferrocarriles	los ferrokarrieləs
spoorwegovergang	el paso a nivel	el paso a niebel
sport 12.1	el deporte	el deportə
sporten 3.5	hacer deporte	aaSer deportə
sporthal	la sala de deportes	la sala də deportes
sportschoenen	los zapatos de tenis	los Sapatos də tenis
spreekuur 13.1	la consulta	la konsoelta
spreken 9.2	hablar	aablar
spruitjes	las coles de Bruselas	las koles də broeselas
spullen	las cosas	las kosas
squashen 12.1	el squash	el skwasj
staal (roestvrij)	el acero (inoxidable)	el aaSero (ienoksie-dablə)
stad 3.1, 3.7, 9.2, 11.1	la ciudad	la Sie-oeda
stadhuis	el ayuntamiento	el aajoentamjento
stadion	el estadio	el estadieo
stadswandeling 11.1	la visita a la ciudad (a pie)	la biesieta aa la Sie-oeda (aa pje)
staking 6.1	la huelga	la oe-elǵa
standbeeld	la estatua	la estatoea
stank 7.4	el mal olor	el mal olor
starten 5.6	arrancar	arrankar
startkabel 5.6	el cable de arranque	el kablə də arrankə
station 6.1, 6.7	la estación	la estaSieon

steeksleutel 5.6	la llave (de boca)	*la ljabə (də boka)*
steil (haar) 14.5	liso	*lieso*
steken (insekt) 13.2	picar	*piekar*
stelen 14.4	robar	*robar*
stieregevecht 11.2	la corrida de toros	*la korrieda də toros*
stilte	el silencio	*el sielenSieo*
stinken 4.4, 7.4	oler mal	*oler mal*
stoel 4.1	la silla	*la sieja*
stokbrood	la barra	*la barra*
stomen	lavar en seco	*labar en seko*
stomerij 10	la tintorería	*la tientoreriea*
stopcontact 4.1, 7	el enchufe	*el entsjoefə*
stoppen 5.3, 5.9, 6.1	parar	*parar*
stoptrein 6.6	el tren ómnibus	*el tren omnieboes*
storen 2.5	molestar	*molestar*
storing 7.4	el fallo	*el fajo*
storm 3.4	el vendaval	*el bendabal*
stormen 1.5	haber vendaval	*aaber bendabal*
straat 1.8, 6.7	la calle	*la kajə*
straatkant 7.3	el lado de la calle	*el lado də la kajə*
straks 2.1, 3.7	luego	*loe-ego*
strand 3.7, 12.2	la playa	*la plaja*
strandstoel	el sillón de playa	*el siejon də plaja*
streek (regio) 9.2	la región	*la rechjon*
strijkbout 10.1	la plancha	*la plantsja*
strijken	planchar	*plantsjar*
strijkplank 7.3	la tabla de planchar	*la tabla də plantsjar*
stroming 12.2	la corriente	*la korrjentə*
stroom (elektr) 7.4	la corriente	*la korjentə*
stroomversnelling 12.2	el rápido	*el rapiedo*
stroop	la melaza	*la melaSa*
stropdas 10.3	la corbata	*la korbata*
studeren 3.1	estudiar	*estoedjar*
stuk (kapot) 7.4	roto	*roto*
suiker 4.2	el azúcar	*el aaSoekar*
suikerpatiënt 13.3	el diabético	*el dieabetieko*
super(benzine) 5.5	súper	*soeper*
supermarkt 10	el supermercado	*el soepermerkado*
surfen 12.2	el surf	*el soerf*
surfpak 12.2	el traje de surf	*el trachə də soerf*
surfplank 12.2	la tabla de surf	*la tabla də soerf*
synagoge	la sinagoga	*la sienağoğa*

taai 4.4	duro	*doero*
taal 12.3	el idioma	*el iedieoma*
taart	la tarta	*la tarta*
tabak	el tabaco	*el tabako*
tablet 13.4	la tableta	*la tableta*
tafel 11.3	la mesa	*la mesa*
tafeltennis 3.7	el pingpong	*el piengpong*
talkpoeder	el talco	*el talko*
tampons	los tampones	*los tampones*
tand 13.6	el diente	*el die-entə*
tandarts 13.5	el dentista	*el dentiesta*
tandenborstel	el cepillo de dientes	*el Sepiejo də die-entes*
tandenstoker 4.2	el palillo	*el paliejo*
tandpasta	el dentífrico	*el dentiefrieko*
tas (klein) 5.1, 5.2	el bolso	*el bolso*
tas (groot) 5.1, 5.2	la bolsa	*la bolsa*
tasje (plastic) 10.1	la bolsita	*la bolsieta*
taxfreewinkel 6.5	la tienda libre de impuestos	*la tie-enda liebrə də iempoe-estos*
taxi 6.7	el taxi	*el taksie*
taxistandplaats 6.7	la parada de taxis	*la parada də taksies*
te veel 4.3, 4.5, 10.2	demasiado	*demasjado*
teen	el dedo del pie	*el dedo del pje*
tegen 1.6, 10.5	contra	*kontra*
tegenligger 14.6	el vehículo que viene de frente	*el be-iekoelo ke bjenə də frentə*
tegenover 1.6	enfrente de	*enfrentə də*
tekenen (signeren) 8.1	firmar	*fiermar*
telefoneren 7.1, 9.2	llamar por teléfono	*ljamar por telefono*
telefonisch 9.2	por teléfono	*por telefono*
telefoniste 9.2	la operadora	*la ooperadora*
telefoon 9.2, 14.1	el teléfono	*el telefono*
telefooncel 5.6	la cabina telefónica	*la kabiena telefonieka*
telefoongids 9.2	la guía de teléfonos	*la ĝiea də telefonos*
telefoonnummer 3.11, 14.1	el número de teléfono	*el noemero də telefono*
telegram 9.1	el telegrama	*el teleĝrama*
telelens 10.4	el teleobjetivo	*el teleeopchetiebo*
televisie 7.4	la televisión	*la telebiesieon*
telex 9.1	el télex	*el teleks*
telkens	cada vez	*kada beS*

temperatuur *10.3, 12.2*	la temperatura	*la temperatoera*	177
tennisbaan *12.1*	la cancha de tenis	*la kantsja də tenis*	
tennisbal *12.1*	la pelota de tenis	*la pelota də tenis*	
tennisracket *12.1*	la raqueta de tenis	*la raketa də tenis*	
tennis *12.1*	el tenis	*el tenis*	
tent *7.2*	la tienda	*la tie-enda*	
tentoonstelling *11.1*	la exposición	*la eksposieSieon*	
terras *4.1*	la terraza	*la terraSa*	
teruggaan	volver	*bolber*	
terugkomen *13.3*	volver	*bolber*	
tevreden *2.6, 3.8*	contento	*kontento*	
theater *11.2*	el teatro	*el teeatro*	
theatervoorstelling *11.2*	la función de teatro	*la foenSieon də teeatro*	
thee *4.7*	el té	*el te*	
theelepel *4.2*	la cuchara de té	*la koetsjara də te*	
theepot *7.3*	la tetera	*la tetera*	
thermisch bad	el baño termal	*el banjo termal*	
thermometer	el termómetro	*el termometro*	
thuis *3.10*	en casa	*en kasa*	
ticket *6.4*	el billete	*el biejetə*	
tijd *3.2*	el tiempo	*el tie-empo*	
tijdens *13.4*	durante	*doerantə*	
tijdschrift	la revista	*la rebiesta*	
toast *4.7*	las tostadas	*las tostadas*	
tocht (uitstapje) *11.1*	la excursión	*la ekskoersieon*	
tochten *7.4*	haber corriente	*aber korjentə*	
tochtje *3.7*	la vuelta	*la boe-elta*	
toegang *11.1*	la entrada	*la entrada*	
toegangsprijs *11.1*	el precio de entrada	*el preSieo də entrada*	
toeristenkaart *5.1*	la tarjeta de turista	*la tarcheta də toeriesta*	
toeristenklasse	la clase turista	*la klasə toeriesta*	
toeristenmenu *4.2*	el menú turístico	*el menoe toeriestieko*	
toeslag *6.2*	el suplemento	*el soeplemento*	
toilet *4.1, 7.3*	los servicios, el lavabo	*los serbieSieos, el lababo*	
toiletartikelen	los artículos de tocador	*los artiekoelos də tokador*	T
toiletpapier *4.4, 7.4*	el papel higiénico	*el papel iechjenieko*	
tolk *14.6*	el intérprete	*el ienterpretə*	
tomaat	el tomate	*el tomatə*	
tomatenketchup *4.2, 10.2*	el ketchup	*el ketsjup*	
tomatenpuree *10.2*	el tomate triturado	*el tomatə trietoerado*	
toneel *11.2*	el teatro	*el teeatro*	
toneelstuk	la obra de teatro	*la oobra də teeatro*	

tong (vis) 4.6	el lenguado	*el lengoeado*
tong	la lengua	*la lengoea*
tonic 4.2, 10.2	el agua tónica	*el aagoea tonieka*
tonijn 4.6, 10.2	el atún	*el atoen*
toost 4.6	el pan tostado	*el pan tostado*
toren	la torre	*la torrə*
totaal 1.4	el total	*el total*
touw 5.6, 10.1	la cuerda	*la koe-erda*
trap 7.4	las escaleras	*las eskaleras*
trein 6.1	el tren	*el tren*
treinkaartje 6.6	el billete de tren	*el biejetə də tren*
trekken (kies) 13.5	sacar	*sakar*
trektocht 11.1	la excursión con etapas	*la ekskoersieon kon eetapas*
trottoir	la acera	*la aSera*
trouwen 3.1	casarse	*kasarsə*
trui 10.3	el jersey	*el chersei*
tube 10.2	el tubo	*el toebo*
tuin	el jardín	*el chardien*
tunnel	el túnel	*el toenel*
tussenlanding 6.4	la escala	*la eskala*
tv	la televisión	*la telebiesieon*
tweede 1.4	segundo	*segoendo*
tweedehands 10.1	de segunda mano	*də segoenda mano*
tweepersoons (kamer) 7.3	doble	*doblə*

U

u	usted	*oeste*
ui	la cebolla	*la Seboja*
uiterlijk (niet later dan)	a más tardar	*aa mas tardar*
uitgaan 3.7, 11.2	salir	*salier*
uitgaansgelegenheid 11.2	el sitio para salir	*el sietieo para salier*
uitgaanskrant 11.2	la guía de los espectáculos	*la giea de los espektakoelos*
uitgang	la salida	*la salieda*
uitkleden 13.3	desvestirse	*desbestiersə*
uitleggen	explicar	*ekspliekar*
uitnodigen 3.7	invitar	*ienbietar*
uitrusten	descansar	*deskansar*
uitslag	la erupción cutánea	*la eeroepSieon koetaneea*
uitspreken	pronunciar	*pronoenSiear*

uitstapje *11.1*	el paseo, la excursión	*el paseeo, la ekskoer-sieon*
uitstappen *5.9, 6.7*	bajarse	*bacharsə*
uitstekend *2.1*	estupendo	*estoependo*
uitverkoop *10.1*	las rebajas, la liquidación	*las rebachas, la liekiedaSieon*
uitwendig *13.4*	tópico, externo	*topieko, eksterno*
uitzicht *7.3*	la vista	*la biesta*
universiteit	la universidad	*la oeniebersiedа*
urine *13.3*	la orina	*la ooriena*
uur *1.3*	la hora	*la oora*

V

vaas *10.1*	el florero	*el florero*
vader *3.1*	el padre	*el padrə*
vagina *13.2*	la vagina	*la bachiena*
vaginale infectie *13.2*	la infección vaginal	*la ienfekSieon bachienal*
vakantie *2.1*	las vacaciones	*las bakaSieones*
vallei	el valle	*el bajjə*
vallen *13.2, 14.3*	caer(se)	*kaaer(sə)*
vanavond (tot 21 uur) *1.1, 3.7*	esta tarde	*esta tardə*
vanavond (na 21 uur) *1.1, 3.7*	esta noche	*esta notsjə*
vandaag *1.1, 3.7*	hoy	*oj*
vanille *4.2*	la vainilla	*la bajnieja*
vanmiddag *1.1, 3.7*	esta tarde	*esta tardə*
vanmorgen *1.1, 3.7*	esta mañana	*esta manjana*
vannacht (komende nacht) *1.1, 3.7*	esta noche	*esta notsjə*
vannacht (afgelopen nacht) *1.1*	anoche	*aanotsjə*
varkensvlees *4.2*	la carne de cerdo	*la karnə də Serdo*
vaseline	la vaselina	*la baseliena*
veel	mucho	*moetsjo*
vegetariër *4.2*	el vegetariano	*el bechetarieano*
veilig *12.2*	seguro	*seğoero*
veiligheidsspeld	el imperdible	*el iemperdieblə*
ver weg *1.6*	lejos	*lechos*
verantwoordelijk	responsable	*responsablə*
verband *13.4*	la gasa	*la ğasa*
verbandgaas *10.1*	la gasa esterilizada	*la ğasa esterielieSada*

verbinding 6.1	el enlace	*el enlaSə*
verblijf 7.3	la estancia	*la estanSiea*
verboden 12.2	prohibido	*proo-iebiedo*
verdieping 7.3	el piso	*el pieso*
verdoven 13.6	anestesiar	*aanestesiear*
verdrietig 2.6	triste	*triestə*
verdwalen 14.5	perderse, extraviarse	*perdersə, ekstrabjarsə*
verf 10.1	la pintura	*la pientoera*
vergeten 4.4, 13.4, 14.2	olvidar	*olbiedar*
vergissen (zich)	equivocarse	*eekiebokarsə*
vergissing 4.4	la equivocación	*la eekiebokaSieon*
verguld	dorado	*dorado*
vergunning 12.1, 12.2	el permiso	*el permieso*
verhuren 5, 7	alquilar	*alkielar*
verjaardag 3.3	el cumpleaños	*el koempleeanjos*
verkeer 5	el tráfico	*el trafieko*
verkeerd 2.3	mal, equivocado	*mal, eekiebokado*
verkeerslicht	el semáforo	*el semaforo*
verkoopster 10	la vendedora	*la bendedora*
verkoudheid 13.2	el constipado	*el konstiepado*
verkrachting 14.6	la violación	*la bjolaSieon*
verliefd zijn op 3.9	estar enamorado de	*estar eenamorado də*
verlies 14.2	la pérdida	*la perdieda*
verliezen 14.2	perder	*perder*
vermissing (voorwerp)	extravío	*ekstrabieo*
vermissing (persoon) 14.6	la desaparición	*la desaparieSieon*
verpleegster 13	la enfermera	*la enfermera*
verplicht 11.2	obligatorio	*ooblieĝatorieo*
verrassing	la sorpresa	*la sorpresa*
vers 4.4, 4.7	fresco	*fresko*
verschonen (baby)	cambiar	*kambjar*
versieren (iem) 3.9	ligar	*lieĝar*
versleten 7.4	gastado	*ĝastado*
versnelling 5.4	el cambio	*el kambjo*
verstaan 2.5, 9.2	entender	*entender*
versturen 9.1	enviar	*enbjar*
vertalen 3, 14	traducir	*tradoeSier*
vertraging 6.1	el retraso	*el retraso*
vertrek 7.5	la partida	*la partieda*
vertrekken 3.1, 7.5, 6.1, 11.1	partir, salir	*partier, salier*
vertrektijd 6.4	la hora de salida	*la oora də salieda*
vervelen, zich 2.6	aburrirse	*aaboeriersə*

verversen (olie) 5.5	cambiar	*kambjar*
verwachting (in) 6, 13	embarazada	*embaraSada*
verwarming 7.3, 7.4	la calefacción	*la kalefakSieon*
verwisselen 5.6	cambiar	*kambjar*
verzekering 5.6, 5.8, 14.3	el seguro	*el segoero*
verzilverd	plateado	*plateeado*
verzwikken 13.2	torcerse	*torSersə*
vest 10.3	el chaleco	*el tsjalẹko*
vet 4.2, 10.5	la grasa	*la grasa*
veter 10.3	los cordones	*los kordọnes*
via 1.6	pasando por	*pasạndo por*
viaduct 5.0	el viaducto	*el bjadoekto*
videoband 10.4	la cinta de vídeo	*la Sienta də biedeeo*
videorecorder	el video	*el biedeoo*
vierkant	el cuadrado	*el koeadrado*
vierkante meter	metro(s) cuadrado(s)	*metro(s) koeadrado(s)*
vies 2.6, 7.4	sucio	*soeSie-o*
vijver	el estanque	*el estankə*
vinden 14.2	encontrar	*enkontrar*
vinger 13.2	el dedo	*el dedo*
vis 4.2	el pescado	*el peskạdo*
visite 3.7	la visita	*la biesịeta*
vissen 3.5, 12.2	pescar	*peskar*
visum 5.1	el visado	*el biesạdo*
vitamine 10.1	la vitamina	*la bietamịena*
vitaminetabletten	las tabletas de vitaminas	*las tabletas də bietamịenas*
vla	las natillas	*las natịejas*
Vlaamse 3.1	la flamenca	*la flamẹnka*
Vlaanderen 3.1	Flandes	*flạndes*
vlag 12.2	la bandera	*la bandẹra*
Vlaming 3.1	el flamenco	*el flamẹnko*
vlees 4.2	la carne	*la kạrnə*
vleeswaren 4.7	los fiambres	*los fjạmbres*
vlek	la mancha	*la mạntsja*
vlekkenmiddel 10.1	el quitamanchas	*el kietamạntsjas*
vlieg 7.4	la mosca	*la mọska*
vliegen (vliegtuig) 6.5	volar	*bolạr*
vliegtuig 6.4	el avión	*el aabiẹon*
vliegveld 6.5, 6.7	el aeropuerto	*el aaeropoe-ẹrto*
vloed 12.2	la marea alta	*la marẹea ạlta*
vloei	el papel de fumar	*el papẹl də foemạr*
vlooienmarkt 10.1, 11.1	el mercadillo	*el merkadịejo*
vlucht 6.3	el vuelo	*el boe-ẹlo*

V

vluchtnummer 6.5	el número de vuelo	*el noemero də boe-elo*
vlug	rápido	*rapiedo*
voedsel 10.1	el alimento	*el aliemento*
voedselvergiftiging 13.3	la intoxicación alimen-ticia	*la ientoksiekaSieon aliementieSia*
voelen 13.2	sentir	*sentier*
voet 13.2	el pie	*el pje*
voetballen, het 12.1	el fútbol	*el foetbol*
voetbalwedstrijd 11.2	el partido de fútbol	*el partiedo də foetbol*
vol 5.5	lleno	*ljeno*
volgen 5.0	seguir	*segier*
volgende 1.1, 2.13.7	próximo, que viene	*proksiemo, ke bjenə*
volkoren 10.2	integral	*ientegral*
volkorenbrood 10.1	el pan integral	*el pan ientegral*
volleyballen 3.7, 12.1	jugar al voleibol	*choegar al boleibol*
voor 1.6, 13.4	antes, delante de	*antes, delantə də*
vooraan 11.3	adelante	*aadelantə*
voorbehoedmiddel 10.1, 13.2	el anticonceptivo	*el antiekonSeptiebo*
voorhoofd 13.2	la frente	*la frentə*
voorin 6.3	adelante	*aadelantə*
voorkeur 2.6	la preferencia	*la preferenSiea*
voorrang 5	la preferencia	*la preferenSiea*
voorstellen, zich (aan) 3.1	presentarse	*presentarsə*
voorstellen, zich (iets)	imaginarse	*iemachienarsə*
voorstelling 11.2, 11.3	la función	*la foenSieon*
voortreffelijk 4.5	excelente	*eksSelentə*
voorzichtig 14.1	con cuidado	*kon koe-iedado*
vorig 1.1	pasado	*pasado*
vork 4.2	el tenedor	*el tenedor*
vouwwagen 7.2	el remolque tienda	*el remolkə tie-enda*
vraag 2.2	la pregunta	*la pregoenta*
vrachtwagen 5.8	el camión	*el kamjon*
vragen (verzoeken) 3.2	pedir	*pedier*
vragen 2.2	preguntar	*pregoentar*
vriend 3.1	el amigo	*el aamiego*
vriendelijk 2.4	amable	*aamablə*
vriendin 3.1	la amiga	*la aamiega*
vriezen 1.5	helar	*eelar*
vrij 1.1, 3.7, 4.1, 6.1, 11.1	libre	*liebrə*
vrijdag 1.1	el viernes	*el bjernes*
vrije tijd 3.5	el tiempo libre	*el tie-empo liebrə*
vrijen 3.9	acostarse/hacer el amor	*akostarsə/aSer el amor*

vrijgezel 3.1	soltero	*soltero*
vroeg 1.3	temprano	*temprano*
vrouw (echtgenote) 3.1	la mujer	*la moecher*
vrouw	la mujer	*la moecher*
vrouwenarts 13	el ginecólogo	*el chinekologo*
vruchtensap 4.7	el zumo de frutas	*el Soemo də froetas*
vuil 4.4, 7.4	sucio	*soeSieo*
vuilniszak 10.1	la bolsa de basura	*la bolsa də basoera*
vulkaan	el volcán	*el bolkan*
vullen (kies) 13.5	empastar	*empastar*
vulling (kies) 13.5	el empaste	*el empastə*
vulling 10.2	el relleno	*el rejeno*
vuur	el fuego	*el foe-eĝo*
vuurtje 12.2	el fuego	*el foe-eĝo*
vuurtoren	el faro	*el faro*
VVV-kantoor 11.1	la oficina de (in-	*la oofieSiena də*
	formación y) turismo	*(ienformaSieon ie)*
		toeriesmo

W

waar? 2.2	¿dónde?	*dondə?*
waarom? 2.2	¿por qué?	*por ke?*
waarschijnlijk 3.1	probablemente	*probabləmentə*
waarschuwen 5.6, 14.1	avisar, llamar	*aabiesar, ljamar*
waarschuwing 1.7, 14	el aviso	*el abieso*
wachten 3.11, 4.1, 5.6, 6.4, 9.2	esperar	*esperar*
wachtkamer 13.3	la sala de espera	*la sala də espera*
wagon 6.6	el coche	*el kotsjə*
wakker	despierto	*despjerto*
wandelen 3.5	salir a caminar	*salier aa kamienar*
wandeling	el paseo	*el paseo*
wandelroute 11.1	la excursión señaliza-	*la ekskoerSie-on*
	da	*senjaliSada*
wandelsport	el excursionismo	*el ekskoersieoniesmo*
wanneer? 2.2	¿cuándo?	*koeando?*
warenhuis 10	los grandes almacenes	*los ĝrandes almaSenes*
warm (weer)	cálido/caluroso	*kaliedo/kaloeroso*
warm 4.2	caliente	*kaljentə*
warmte (weer) 1.5	calor	*kalor*
was (wasgoed) 7.2, 7.3	la ropa sucia	*la ropa soeSiea*
wasknijper 7.2, 7.3	la pinza para la ropa	*la pienSa para la ropa*
waslijn 7.2, 7.3	la cuerda de colgar la	*la koe-erda də kolĝar la*
	ropa	*ropa*

wasmachine 7.2	la lavadora	*la labadora*
184 **wasmiddel** 10.1	el detergente	*el deterchenta*
wassen 7.2, 10.3, 10.5	lavar	*labar*
wasserette	la lavandería (auto-mática)	*la labanderiea (auto-matieka)*
wat? 2.2	¿qué?	*ke?*
water 4.2, 5.4, 12.2	el agua	*el aagoea*
waterdicht 7.2	impermeable	*iempermeeabla*
watergolven 10.5	marcar	*markar*
waterskiën	el esquí acuático	*el eskie aakoeatieko*
waterval 12.2	la cascada	*la kaskada*
watten	el algodón	*el algodon*
w.c. 7.2, 7.3	el water/los servicios	*el bater/los serbieSieos*
wedstrijd 11.1	el concurso	*el konkoerso*
weduwe 3.1	la viuda	*la bjoeda*
weduwnaar 3.1	el viudo	*el bjoedo*
week 1.1, 2.1	la semana	*la semana*
weekabonnement 6.3	el abono semanal	*el aabono semanal*
weekend 3.10	el fin de semana	*el fien da semana*
weekenddienst 13.1	la guardia de fin de semana	*la goeardiea da fien da semana*
weer, het 1.5, 3.4	el tiempo	*el tie-empo*
weerbericht 1.5	el pronóstico del tiempo	*el pronostieko del tie-empo*
weg (zn) 5.0	el camino	*el kamieno*
weg (kwijt) 14.2	perdido	*perdiedo*
wegenwacht 5.6	el auxilio en carretera	*el auksieljo en karretera*
weinig	poco	*poko*
wekken 7.3	despertar	*despertar*
wekker 7.3, 10.1	el despertador	*el despertador*
welk? 2.2	¿cuál?	*koeal?*
welkom 3.11	bienvenido	*bjenbeniedo*
welterusten 2.1	que descanse	*ke deskansa*
werk 3.1	el trabajo	*el trabacho*
werkdag 1.1	el día laborable	*el diea laborabla*
werkloos 3.1	en paro	*en paro*
wesp 7.4, 13.2	la avispa	*la aabiespa*
west 1.6	el oeste	*el ooesta*
weten 2.3, 2.5	saber	*saber*
wie? 2.2	¿quién?	*kjen?*
wiel 5.4, 5.7	la rueda	*la roe-eda*
wij	nosotros	*nosotros*
wijn 4.2	el vino	*el bieno*
wijnkaart 4.2	la carta de vinos	*la karta da bienos*

wijzen 2.2	indicar	*iendiekar*
wijzigen	cambiar	*kambjar*
wind 3.4	el viento	*el bjento*
windscherm	la protección contra el viento	*la protekSieon kontra el bjento*
winkel 10	la tienda	*la tie-enda*
winkelcentrum 10	el centro comercial	*el Sentro komerSieal*
winter 1.1	el invierno	*el ienbjerno*
wisselen 8.1, 9.1	cambiar	*kambjar*
wisselgeld (pasmunt) 4.3, 8.2	el cambio	*el kambjo*
wisselgeld (geld terug) 4.3, 8.2	la vuelta	*la boe-elta*
wisselkantoor 8.1	la oficina de cambio	*la oofieSiena de kambjo*
wisselkoers 8.1	el tipo de cambio	*el tiepo de kambjo*
wit	blanco	*blanko*
witlof	las endivias	*las endiebieas*
woensdag 1.1	el miércoles	*el mjerkoles*
wol 10.3	la lana	*la lana*
wond 13.2	la herida	*la erieda*
wonen 3.1	vivir	*biebier*
woord 9.1	la palabra	*la palabra*
woordenboek	el diccionario	*el diekSieonarieo*
worst	el embutido	*el emboetiedo*
wortel	la zanahoria	*la Sanaaoriea*

185

W
Ȳ
Z

Y

| yoghurt | el yogur | *el joĝoer* |

Z

zaal (in theater) 11.3	la platea	*la plateea*
zakdoek	el pañuelo	*el panjoe-elo*
zakenreis 5.1	el viaje de negocios	*el bjachə də neĝoSieos*
zakmes 10.1	la navaja	*la nabacha*
zalf 13.4	la pomada, el ungüento	*la pomada, el oen-ĝoe-ento*
zandstrand 12.2	la playa de arena	*la plaja də aarena*
zaterdag 1.1	el sábado	*el sabado*
zebrapad 5	el paso de peatones	*el paso də peeatonəs*
zee 12.2	el mar	*el mar*
zeef 10.1	el tamiz	*el tamieS*
zeem 10.1	la gamuza	*la ĝamoeSa*

zeep	el jabón	*el chabon*
zeepdoos *10.1*	la jabonera	*la chabonera*
zeeppoeder *10.1*	el jabón en polvo	*el chabon ən polbo*
zeeziek	mareado	*mareeado*
zeggen *13.3*	decir	*deSier*
zeilboot	el velero	*el belero*
zeilen	la vela	*la bela*
zelfde	mismo	*miesmo*
zelfontspanner	el disparador auto-	*el diesparador auto-*
	mático	*matieko*
ziek *13.2*	enfermo	*enfermo*
ziekenauto *14.1*	la ambulancia	*la amboelanSiea*
ziekenfonds *13.3*	el seguro de en-	*el seğoero də enfermeda*
	fermedad	
ziekenhuis *13.3*	el hospital	*el ospietal*
ziekte *13*	la enfermedad	*la enfermeda*
zilver	la plata	*la plata*
zin hebben *3.7*	apetecer	*aapeteSer*
zin (woorden)	la frase	*la frasə*
zitplaats *6.3*	el asiento, la butaca	*el aasie-ento, la*
		boetaka
zitten *3.2*	estar sentado	*estar sentado*
zoek (kwijt) *14.2*	extraviado	*ekstrabjado*
zoeken *14.5*	buscar	*boeskar*
zoet *4.2*	dulce	*doelSə*
zoetjes (zn) *4.7*	la sacarina	*la sakariena*
zomer *1.1*	el verano	*el berano*
zomertijd	la hora de verano	*la ora də berano*
zon *7.2*	el sol	*el sol*
zondag *1.1*	el domingo	*el domienĝo*
zonnebaden *12.2*	tomar el sol	*tomar el sol*
zonnebrandcrème *10.1,*	la crema solar	*la krema solar*
12.2		
zonnebrandolie	el aceite bronceador	*el aaSeitə bronSeeador*
zonnebril *10.1, 12.2*	las gafas de sol	*las gafas de sol*
zonnehoed *10.1, 12.2*	el sombrero de playa	*el sombrero de plaja*
zonnescherm *7.4*	el toldo	*el toldo*
zonnesteek *13.2*	la insolación	*la iensolaSieon*
zonsondergang *3.7*	la puesta del sol	*la poe-esta del sol*
zonsopgang *3.7*	la salida del sol	*la salieda del sol*
zool *10.3*	la suela	*la soe-ela*
zoon *3.1*	el hijo	*el iecho*
zout	la sal	*la sal*
zuid *1.6*	el sur	*el soer*

zuiveringszout *10.1*	el bicarbonato	*el biekarbonato*
zure room *10.3*	la nata ácida	*la nata aaSieda*
zus *3.1*	la hermana	*la ermana*
zuur *4.2*	agrio	*aagrieo*
zwaar (tabak)	negro	*negro*
zwaar	pesado	*pesado*
zwak	débil	*debiel*
zwanger *13.3*	embarazada	*embaraSada*
zwart	negro	*negro*
zweefvliegen	el vuelo sin motor	*el boe-elo sien motor*
zweer *13.2*	la úlcera	*la oelSera*
zweet *6.3*	el sudor	*el soedor*
zwembad *7.1, 12.2*	la piscina	*la pieSiena*
zwembroek *12.2*	el bañador	*el banjador*
zwemmen *3.7, 12.2*	nadar	*nadar*
zuivel *10.3*	los productos lácteos	*los prodoektos lakteeos*

z

Beknopte grammatica

1 Het lidwoord

	Man. enk.	Man. mv.	Vr. enk.	Vr. mv.
(de/het)	el	los	la	las
(een)	un		una	

* unos hombres = enkele, enige mannen
  unas mujeres = enkele, enige vrouwen
* de (van) + el = del
  a (naar, aan) + el = al

2 Het zelfstandig naamwoord

In het algemeen geldt dat zelfstandige naamwoorden die op een -o eindigen mannelijk zijn
en de zelfstandige naamwoorden die op een -a eindigen vrouwelijk.

Een zelfstandig naamwoord dat op een klinker eindigt krijgt in het meervoud een -s;
een zelfstandig naamwoord dat op een medeklinker eindigt krijgt in het meervoud -es;

| el cigarrillo | (sigaret) | los cigarrillos |
| el mes | (maand) | los meses |

| la guitarra | (gitaar) | las guitarras |
| la ciudad | (stad) | las ciudades |

* Het mannelijk meervoud kan ook op mannen en vrouwen samen slaan:
  los reyes =   1. de koningen
                   2. de koning en de koningin
  los padres =   1. de vaders
                   2. de ouders
  los hijos =   1. de zonen
                   2. de kinderen

3 Het bijvoeglijk naamwoord

a) De meeste bijvoeglijke naamwoorden eindigen in de mannelijke vorm op -o; in de
   vrouwelijke vorm wordt die -o een -a:
   el restaurante barato   (het goedkope restaurant)
   la cafetería barata   (de goedkope lunchroom)

b) De bijvoeglijke naamwoorden die eindigen op een -e of een klinker hebben één en
   dezelfde vorm voor het mannelijk en het vrouwelijk:

un chico inteligente	(een intelligente knul)
una chica inteligente	(een intelligente meid)
un jersey azul	(een blauwe trui)
una falda azul	(een blauwe rok)

c) Bijvoeglijke naamwoorden die zijn afgeleid van geografische namen hebben altijd een vrouwelijk vorm op -a:
neerlandés – neerlandesa (Nederlands)
español – española (Spaans)

* Het bijvoeglijk naamwoord staat meestal achter het zelfstandig naamwoord.

* De vorming van het meervoud gaat net als bij de zelfstandige naamwoorden:
los restaurantes baratos
los chicos inteligentes
las faldas azules

* trappen van vergelijking:

duur	caro
duurder	más caro
duurst	lo más caro

* De uitgang -ísimo/-ísima geeft een eigenschap aan in een zeer hoge graad:

Este restaurante es carísimo	Dit restaurant is erg duur
La comida es malísima	Het eten is heel slecht
General	Generaal
Generalísimo	Opperbevelhebber (titel van Franco)

---

4 Het bijwoord

Een aantal uitzonderingen daargelaten, wordt het bijwoord gevormd door achter de vrouwelijke vorm van het bijvoeglijk naamwoord de uitgang -mente te zetten:

¿Hay un vuelo directo?	Is er een rechtstreekse vlucht?
Sí, éste va directamente.	Ja, deze gaat rechtstreeks.

---

5 Het persoonlijk voornaamwoord

Het persoonlijk voornaamwoord (ik/jij/hij/zij etc.) als onderwerp wordt in het Spaans weinig gebruikt, de werkwoordsuitgangen geven n.l. al aan om welk onderwerp het gaat. Daar waar het onderwerp de nadruk heeft worden ze echter wel gebruikt:

yo	ik	nosotros/nosotras	wij
tú	jij	vosotros/vosotras	jullie
él	hij	ellos	zij (m.)
ella	zij	ellas	zij (v.)
usted	u	ustedes	u

* Nosotros en vosotros hebben een aparte vrouwelijk vorm.
* Usted wordt vaak afgekort tot ud. en ustedes tot uds.

6 Het bezittelijk voornaamwoord

Het bezittelijk voornaamwoord heeft aparte vormen voor het enkelvoud en het meervoud:

mi maleta	mis maletas	mijn koffer(s)
tu maleta	tus maletas	jouw koffer(s)
su maleta	sus maletas	zijn/haar/uw koffer(s)
nuestra maleta	nuestras maletas	onze koffer(s)
vuestra maleta	vuestras maletas	jullie koffer(s)
su maleta	sus maletas	hun koffer(s)

* De bezittelijke voornaamwoorden nuestro en vuestro maken ook nog onderscheid tussen mannelijk en vrouwelijk:

nuestro(s) bolso(s)	onze tas(sen)
vuestro(s) bolso(s)	jullie tas(sen)
nuestra(s) maleta(s)	onze koffer(s)
vuestra(s) maleta(s)	jullie koffer(s)

7 Het werkwoord

Spaanse werkwoorden eindigen op:
-ar   (hablar – praten)
-er   (comer – eten)
-ir   (vivir – wonen/leven)

Tegenwoordige tijd
De uitgang van het hele werkwoord bepaalt de vervoeging ervan. De voltooid tegenwoordige tijd (ik praat/jij praat/hij praat etc.) is als volgt:

	-ar	-er	-ir
hele ww.	hablar	comer	vivir
ik	hablo	como	vivo
jij	hablas	comes	vives
hij/zij/u	habla	come	vive
wij	hablamos	comemos	vivimos
jullie	habláis	coméis	vivís
zij/u	hablan	comen	viven

* Enkele werkwoorden hebben een afwijkende vervoeging, zoals:

tener (hebben)	poder (kunnen)	querer (willen)
tengo	puedo	quiero
tienes	puedes	quieres
tiene	puede	quiere
tenemos	podemos	queremos
tenéis	podéis	queréis
tienen	pueden	quieren

ir (gaan)	hacer (doen/maken)
voy	hago
vas	haces
va	hace
vamos	hacemos
vais	hacéis
van	hacen

* *Tener que* gevolgd door het hele werkwoord betekent 'moeten':

tengo que ir a Madrid	ik moet naar Madrid (gaan)
tienen que comer	ze moeten eten

* Het Spaans kent twee werkwoorden voor 'zijn':
  1. estar
- bij het aanduiden van de plaats van iets (zich bevinden):
  Estoy en casa – Ik ben thuis
- bij het aanduiden van een niet blijvende toestand:
  Estamos cansados – We zijn moe
- bij het geven van subjectieve oordelen over personen en zaken:
  ¡Qué bueno está el café! – Wat is de koffie lekker!

  2. ser
- bij definities:
  La ginebra es una bebida alcohólica – Jenever is een alcoholhoudende drank
- bij het aangeven van plaats of tijd van een gebeurtenis:
  La fiesta es el domingo – Het feest is op zondag
  La reunión es en casa de Manuel – De vergadering is bij Manuel thuis
- bij het aanduiden van beroep, nationaliteit, identiteit:
  Somos profesoras – Wij zijn leraressen
  Es francés – Hij is Fransman
  Soy Carmen – Ik ben Carmen
- bij het aanduiden van verwantschap en herkomst:
  Isabel es mi hermana – Isabel is mijn zus
  Soy de Amsterdam – Ik kom (ben afkomstig) uit Amsterdam
- om een wezenlijke eigenschap aan te duiden:
  Eres rubia – Jij (v.) bent blond

De vervoeging van deze werkwoorden is als volgt:

estar	ser
estoy	soy
estás	eres
está	es
estamos	somos
estáis	sois
están	son

Voltooide tijd

De Spaanse verleden tijden kunnen niet allemaal in dit boekje worden behandeld. Om in ieder geval over de verleden tijd te kunnen spreken, geven we hier de voltooide tijd.

Het voltooid deelwoord wordt bijna altijd regelmatig gevormd:

hablar	hablado	(gepraat)
comer	comido	(gegeten)
vivir	vivido	(gewoond/geleefd)

Het Spaans kent maar één hulpwerkwoord voor de voltooide tijd: haber (hebben)

he	hablado/comido etc.	ik heb gepraat/gegeten etc.
has	hablado	
ha	hablado	
hemos	hablado	
habéis	hablado	
han	hablado	

8 Ontkenning

Spaanse zinnen worden ontkennend gemaakt door *no* (niet/geen) vóór de persoonsvorm
zetten:

No tengo hambre	Ik heb geen honger
No he comido todavía	Ik heb nog niet gegeten

9 Vraagzinnen

De vragende zinnen wijken in hun zinsbouw niet af van stellende zinnen. Wel is
verschil in intonatie. In de schrijftaal wordt een vraag ingeleid door een omgekeer
vraagteken aan het begin van de zin en afgesloten met een gewoon vraagteken:

¿Queréis vino?	Willen jullie wijn?

Uitroepen krijgen aan het begin van de zin een omgekeerd uitroepteken en aan het ein
weer een gewoon uitroepteken:

¡Qué guapa estás!	Wat zie je (v.) er mooi uit!